1989　If You Love Somebody Set Them Free　ベルリンの壁が崩壊してジプシーの歌が聴こえてきた　石田昌隆

I.	About Berliner Mauer		004

II.	Praha, Ost-und West-Berlin		006
	1989 年 1 月 2 日	Ost-Berlin	
	1989 年 1 月 3 日	Praha	
	1989 年 1 月 5 日	Praha	
	1989 年 1 月 6 日	West-Berlin, Kreuzberg	Einstürzende Neubauten
	1989 年 1 月 7 日	West-Berlin, Kreuzberg	Nick Cave and the Bad Seeds
	1989 年 1 月 8 日	Ost-Berlin	Nina Hagen
	1989 年 1 月 9 日	Ost-Berlin	
	1989 年 1 月 10 日	Ost-Berlin	

III.	1989 Revolution and music	038

プラハの春／Prague Spring
ソ連の変化／Change in the Soviet Union
スロベニアのバンド、ライバッハ／Laibach from Slovenija
天安門事件／Tiananmen Square protests
汎ヨーロッパ・ピクニック／Pan-European Picnic
月曜デモと壁の崩壊／Montagsdemonstrationen and Wall collapse
ビロード革命／Velvet Revolution

IV.	Istanbul, Sofia, Budapest, Bucureşti, Praha, Ost-und West-Berlin		046
	1989 年 12 月 22 日	Istanbul	
	1989 年 12 月 23 日	Istanbul	
	1989 年 12 月 26 日	Sofia	Bisserov Sisters and Nadka Karadjova
	1989 年 12 月 27 日	Yugoslavia	
	1989 年 12 月 27 日	Budapest	
	1989 年 12 月 29 日	Budapest	Sebestyén Márta, Depeche Mode
	1989 年 12 月 30 日	Budapest	F.O.System
	1989 年 12 月 31 日	Budapest	Táncház (Dance House)
	1990 年 1 月 1 日	Bucureşti	
	1990 年 1 月 2 日	Bucureşti	
	1990 年 1 月 3 日	Bucureşti	
	1990 年 1 月 4 日	Bucureşti	
	1990 年 1 月 6 日	Praha	
	1990 年 1 月 7 日	Praha	Lou Reed
	1990 年 1 月 9 日	Ost- und West-Berlin	
	1990 年 1 月 10 日	Kreuzberg	
	1990 年 1 月 11 日	Amsterdam	
	1990 年 1 月 13 日	Paris	

V.	Wien, Praha, Budapest	082
	1990 年 8 月 1 日	Wien
	1990 年 8 月 2 日	Praha
	1990 年 8 月 4 日	Praha
	1990 年 8 月 5 日	Praha
	1990 年 8 月 6 日	Praha
	1990 年 8 月 11 日	Budapest
	1990 年 8 月 14 日	Wien
	1990 年 8 月 15 日	London

VI.	1990 to 2000 Revolution and music	092

ドイツ統一とU2／Germany unification and U2
テクノミュージックとラヴ・パレード／Techno music and Love Parade
U2の「ズーTVツアー」／U2 "Zoo TV Tour"
モスクワでのストップオーバー／Stopover at Moscow

アタリ・ティーンエイジ・ライオット／Atari Teenage Riot
ヴィム・ヴェンダース／Wim Wenders
U2の「ポップマート・ツアー」／U2 "PopMart Tour"
ルーマニアで継承されていたハンガリー民謡／Hungarian folk songs inherited in Romania
ルーマニア・クレジャニ村のジプシー楽団／Gypsy musicians in Clejani village, Romania
ファンファーレ・チョカリーア／Fanfare Ciocărlia

VII.	Bucureşti, Clejani, Skopje, ŠutoOrizari, Kočani, Pristina, Kosova, Athína			116
	2000年12月11日	Bucureşti	Taraf de Haïdouks	
	2000年12月12日	Bucureşti		
	2000年12月13日	Bucureşti		
	2000年12月14日	Bucureşti		
	2000年12月15日	Bucureşti	Kočani Orkestar	
	2000年12月16日	Clejani		
	2000年12月17日	Clejani		
	2000年12月18日	Skopje		
	2000年12月19日	Skopje	Esma Redzepova	
	2000年12月20日	Šuto Orizari		
	2000年12月21日	Kočani		
	2000年12月22日	Kočani		
	2000年12月24日	Šuto Orizari		
	2000年12月26日	Pristina,Kosova		
	2000年12月27日	Pristina,Kosova		
	2000年12月28日	Athína		
	2000年12月29日	Athína		
	2000年 1月 3日	Athína		
	2000年 1月 5日	Athína		

VIII.	Gypsy in the cinema	154

トニー・ガトリフの映画／Film of Tony Gatlif
トニー・ガトリフへのインタビュー／Interview with Tony Gatlif
ジャスミン・デラルの映画／Film of Jasmine Dellal
エミール・クストリッツァの映画／Film of EmirKusturica

IX.	About Gogol Bordello and travel to Kyiv		160

ゴーゴル・ボーデロについて／About Gogol Bordello
ゴーゴル・ボーデロの映画／Gogol Bordello's film
ゴーゴル・ボーデロ来日／Gogol Bordello Japan tour

	2009年12月 2日	Kyiv
	2009年12月 3日	Kyiv
	2000年12月 4日	Kyiv
	2009年12月 5日	Kyiv
	2009年12月 6日	Kyiv
	2009年12月 7日	Kyiv
	2009年12月 8日	Kyiv

X.	Tokyo, Berlin			178
	2012年 9月28日	Tokyo	Taraf de Haïdouks	
	2012年 9月30日	Tokyo		
	2016年 － 2018年	Tokyo		
	2019年 1月－6月	Tokyo		
	2019年 9月13日	Berlin		
	2019年 9月14日	Berlin		
	2019年 9月16日	Berlin		
	2019年 9月15日	Berlin		

I. About Berliner

Berliner Mauer 7 January 1989

Mauer

　ベルリンの壁（Berliner Mauer）は、1989年11月9日に崩壊した。この日をもって東西冷戦の終結が決定的になったわけだが、初めてベルリンを訪ねた89年1月の時点では、そのような劇的変革が起こるなんて、まだ誰も想像していなかった。ベルリンの壁といえば、ポップアートのようにペインティングが施されている姿がお馴染みだが、あれは、東ドイツの建造物の表面に、西ベルリン側の人が勝手に描いたものなのだ。物見櫓から壁越しに見えた東ベルリンの風景は、はるか彼方まで続く焦げ茶色にくすんだビルと、人の気配がない道路、重

苦しい記憶が澱となって堆積しているようなその陰鬱な雰囲気は、壁のこちら側に描かれているペインティングの鮮やかさと比べてあまりにも対照的だった。もし壁の向こう側に住んでいたら、亡命を企てるかもしれないな。この物見櫓は、西側の人々に、そのようなことを思わせるための装置として機能していたのである。壁の上に「IF YOU LOVE SOMEBODY SET THEM FREE」と書いてあった。これはスティングの85年の曲のタイトルと同じだが、当時の西側の人間の、壁の向こう側にいる人々に対する思いを簡潔に現わしていると思った。

II. Praha,

st- und West-Berlin

1989年1月2日
Ost-Berlin

　89年1月2日の夕刻、アエロフロート機でベルリンに降り立った。ぼくと妻のふたり旅である。アエロフロートを選んだのは、言うまでもなく最も安かったからだ。航空券にも、モスクワで乗り換えたときの空港の案内板にも、行き先は、単に「Berlin」と記してあった。ベルリンへ行くといえば、西ベルリンへ行くものだと、ぼくは思い込んでいた。まずは西ベルリンへ行って、少し状況がつかめたら東ベルリンにも行ってみようと考えていた。ところが、いきなり東側に着いてしまったのである。様子がおかしいと気づいたのは、飛行機が着陸してターミナル・ビルに入ったときだった。そこはシェーネフェルト空港という、ベルリン郊外の東ドイツ領にある空港だった。西側のキャリアは西ベルリンの空港に着陸する。しかしアエロフロートはソ連（ソビエト社会主義共和国連邦。91年に崩壊して主要部分はロシアになった）のキャリアなのだ。

　ドイツは当時、西ドイツ（ドイツ連邦共和国）と東ドイツ（DDR　ドイツ民主共和国）に分断されていた。そしてベルリンの街も、壁を隔てて東西に分断されていた。しかしベルリンは、東西ドイツの国境線上にあったわけではない。東ドイツのほぼ真ん中に位置する大都市だった。つまり西ベルリン（West-Berlin）は、東ベルリン（Ost-Berlin）に隣接しているということ以前に、東ドイツの中にすっぽり入っている西ドイツの飛び地のような場所だった。西ベルリンの地位は、アメリカ、イギリス、フランスという、第二次世界大戦（1939-1945）の西側戦勝国が共同管理する占領地ということになっていた。そのため厳密に言えば、西ベルリンは西ドイツ領だと認められていたわけではない。当時西ドイツで課せられていた徴兵制も、西ベルリンの在住者には適用されなかった。とはいえ居住者の大半は西ドイツ国籍の人で、通貨は西ドイツのマルクが使われ、西ドイツの法律がほぼそのまま適用されていたので、西ベルリンは西ドイツの飛び地だったというのが多くの人の実感だろう。このように分断され、境界線がひとまず確定したのは、第二次世界大戦終結後のごたごたを経た49年だが、ベルリンの壁が築かれたのは61年のことである。東西冷戦の緊張感が高まりつつあったなか、突然、東ドイツの人民警察と人民軍が西ベルリンに通じる道路を遮断して突貫工事を始めたのだという。ベルリンの壁といえば、まずは東西ベルリンを分断する境界線上に築かれた姿を想像すると思うが、もちろんそれだけではない。ぐるっとひと回り、東ドイツは国境線に沿って壁を築いていった。そして西ベルリンは、壁に囲まれた陸の孤島となったのである。もし俯瞰して眺めることができたら、これはかなりシュールな風景に見えたはずだ。西ベルリンは、空路のほかアウトバーンや鉄道といった回廊で西ドイツと繋がってはいたが、壁に囲まれた陸の孤島とは、どう考えても巨大な刑務所のようなものだ。西側の人々は、それでも西ベルリンの方を基準に考えて、壁向こう側に東ベルリンがあるのだと意識していた。西ベルリンには、われわれと価値観を共有する自由主義陣営の人々が生活している。しかし壁によって隔てられた東ベルリンとその背後に広がる共産圏の国々では、得体の知れない政治体制が人々を抑圧している。些細なことで密告され、秘密警察の拷問を受け、粛正されてしまうのではないかという恐怖に怯えながら、古びたアパートの中で息を潜めて暮らしている。そこから逃げ出すなんてほとんど不可能だ。東西冷戦の時代の共産圏には、そんな不気味なイメージがまとわりついていたのだった。実際、ベルリンの壁は、東ベルリンの住人にとっては決して越えることができない高い壁だった。トンネルを掘ったり、車のトランクに隠れたりして、命がけの脱出（正確に言うなら、脱入）に成功する人がごくまれにいたが、特別な理由がないかぎり、男性は65歳、女性は60歳を超えるまで、西側への出国が許可されることはなかった。一方、西ベルリンの住人や西側の旅行者にとっては、当時でもじつはさほど高い壁だったわけではない。Sバーン（高架鉄道。東京でいえば山手線や京浜東北線のような電車）とUバーン（地下鉄）が東ベルリンに出たところで交差する駅、フリードリッヒシュトラーセか、壁に作られたゲートのひとつ、チェックポイント・チャーリーまで行けば、アイン・ターク（Einzelnes Tagesvisum）という日帰り訪問用のビザをその場で発給してもらえて、東ベルリンを自由に歩きまわることができたのである。

　東ドイツに入国するためには、原則として滞在ビザが必要だった。滞在ビザを取得するためにはバウチャーという書類を用意する必要があり、そのためには旅行の全日程をあらかじめ決めて、日本でホテルへの支払いを済ませておかなくてはならない。繁雑かつお金がかかるシステムになっていた。ぼくらは滞在ビザを持たないままいきなりシェーネフェルト空港に到着してしまったのでどうなることかと思ったが、入国審査でパスポートにトランジット・ビザのスタンプが押され、ひとり25DM（西ドイツのマルク。1DMは72円）の強制両替をさせられた（法定レートに従って、東ドイツのマルク、25Mに等価交換。実勢レート、つまり闇両替の相場は、1DMが5Mだったのでかな

Metro Linka B

Moskevská

Staroměstské náměstí

Zámek Konopiště

Karlův most

り損した気分になる）。　入国は認めるが、速やかに第三国へ出国しなければならないという意味である。　すでにとっぷりと夜の帳が下りていた。　空港の外に出ると、　広場を突っきった先に鉄道の駅があった。　とにかく一刻も早く西ベルリンに入ってホテルを探さなくてはならないという思いに駆られていた。　ところが駅へ行ってみると、　しばらく待てば、　チェコスロバキアのプラハ（Praha）へと向かう夜行列車がやって来ることに気がついた。　シェーネフェルトはベルリンの南側の郊外に位置していて、　ベルリンからプラハへと向かう国際列車が最初に止まる駅でもあったのだ。　チェコスロバキアのビザは、　東京の大使館で簡単に発給してもらえるシステムだったので、　ベルリンに行くついでに成り行きによってはプラハへも行けるようにとあらかじめ取得しておいた。　ならばこの際いきなりプラハに行ってみようと思いたち、　切符を買おうとした。　しかし外国人はライゼビューローという国営旅行社で長距離の切符を買うことが原則になっていて、　駅では売ってもらえなかった。　それでも、　ヨーロッパの駅では普通のことだが、　切符を持っていなくてもプラットホームに入ることはできる。　ぼくらは意を決して、　プラハへと向かう夜行列車に飛び乗った。　デッキにはぎっしりと人が立っていて、　客室に入るドアにはなぜか鍵が掛けられていた。　しかたなくデッキにバックパックを置き、　その上に腰を下ろして居場所を確保した。　そして巻き込んでくる寒気に晒されながら、　夜行列車が切り裂いていく暗闇をぼんやりと眺めていた。

　走り始めて30分ぐらい経ったころ、　これからプラハの知り合いを訪ねていくという学生ふうの男から、　パンとソーセージとラッパ飲みのワインが回ってきた。　彼も荷物はバックパックだ。　ぼくたちは互いにつたない英語で会話して仲良くなった。　それがアンドレ（André Kemnitz）との出会いだった。　彼は東ベルリンに住んでいてパントマイムをやっているという。　共産圏にも、　共産圏を旅するバックパッカーがいることを知って驚いた。　しばらくすると客室の中に入れるようになり、　座席を確保することもできた。　そして深夜、　列車は東ドイツ南部の街、　ドレスデンに滑り込んだ。　第二次世界大戦の末期、　1945年2月13日から15日にかけて行なわれた連合軍の空爆で灰燼に帰した街だ。　列車がドレスデンを発車して、　まもなくチェコスロバキアとの国境へとさしかかるところで車掌が検札にやってきた。　ちょっとドキドキしていたが、　アンドレが、　「この人たちはドレスデンから乗ってきたんですよ」と言ってくれて、　わずかなお金で切符を手に入れることができた。　このような場面に対処できるように、　少額ドル紙幣や西ドイツのマルクなども用意していたが、　シェーネフェルト空港で強制両替させられたときの東ドイツのマルクで足りた。

1989年1月3日
Praha

　1月3日の早朝5時、　プラハ本駅（Praha hlavní nádraží）に到着。　両替所が開いている時間ではなかったし、　闇両替の声もかからない。　チェコスロバキアの貨幣、　コルナをまったく持っていなかったが、　アンドレの相棒で東ドイツ人の看護士、　ウド（Udo Böttcher）に誘われるまま地下鉄B線（Metro Linka B）にタダ乗りして、　とりあえず彼の友人の家を訪ねることになった。　地下鉄をモスケスカ（Moskevská　90年にAndělという駅名に改名された）という駅で降りて、　トラム（路面電車）に乗り換えた。　これもタダ乗りである。　地下鉄もトラムも、　駅の近くのキオスクのような売店で切符を買い、　車内に備え付けてある専用の穴開け機で自分で切符にパチンとやるシステムになっている。　なので簡単にタダ乗りすることができたが、　タダ乗りが見つかると罰金を払わなければならない。　しかし切符を売っている売店がまだ開いていないので、　コルナを持っていたとしても切符を買うことすらできないのだ。　トラムに乗り換えたとき、　まだ夜は明けていなかった。　夜霧のなかで中世のヨーロッパがそのまま息づいているようなプラハの街を、　オレンジ色の街灯がボワッと照らし出していた。　その幻想的なまでに美しい街並みのなかを、　多くの人々が足早に歩いていた。　彼らは出勤途中の労働者たちだった。　トラムをすぐ次の停留所で降りて、　少し歩いたところにある古いアパートの階段を上っていった。　68年に起こった"プラハの春"を題材にしたフィリップ・カウフマン監督による映画『存在の耐えられない軽さ』（88年。原作は84年にミラン・クンデラが書いた同名の小説）の画面に絶えずたち込めていたものと同質の、　ひんやりとした空気が、　この古いアパート全体を覆っていた。　階段を上りきった4階にある扉をウドはノックした。　そこは40歳代半ばのトラック運転手、　フラド（Vlado Petrik）の家だった。　そもそも、　成り行きによってはプラハへも行けるようにとあらかじめビザを取得しておいたのは、　映画『存在の耐えられない軽さ』を見て、　このような世界に触れてみたいという漠然とした思いがあったからだが、　いきなりその世界に入り込んだ感じで気持ちが昂ぶった。　挨拶も早々にヤシの木と海の写真のポスターが張られた天井の高い部屋に通されて、　黒パンと魚の缶詰とトルコ・コーヒーの朝食が出された。　フラドは英語が喋れないし、　ぼくらはチェコ語もドイツ語もロシア語も喋れないので身ぶり手ぶりで感謝の気持ちを表現した。　そしていつのまにか、　プラハでの滞在中、　フラドの家で寝泊まりすることが決まっていた。　この時代の東欧の国の通貨はどれ

Old Jewish Cemetery

も、実勢レートと公定レートに何倍もの開きがあった。つまり、銀行などで両替するより民間人に両替してもらうほうが何倍も得だった。ぼくらは、西ドイツのマルクをフラドにチェコスロバキアのコルナに換えてもらった。

　昼間のうちは、ぼくらだけで行動した。ブローニ判のフィルムで6×12センチの写真を撮影できるフィルムバックを装着した4×5インチ判のカメラや、ブローニ判のワイドラックス1500というパノラマ・カメラなどを担いでひたすら街を歩きまわった。プラハの街には静謐な時間が流れていた。チェコを代表する写真家、ヨゼフ・スデック（Josef Sudek 1896-1976）がこの街を撮影していたころと雰囲気はほとんど変わっていないのではないかと思えた。ヨゼフ・スデックは、第一次世界大戦（1914-1918）に出兵したときの傷が原因で右腕を失ったが、1920年代から写真家として活動を始めた。同世代の写真家、ブダペスト生まれのケルテース・アンドル（Kertész Andor アンドレ・ケルテスと書かれることが多いが、ハンガリーは姓が先）が、パリ、ニューヨークと拠点を移しながら華々しく成功していったのとは対照的に、ヨゼフ・スデックはプラハに留まり、76年に亡くなるまで、プラハ特有の淡い光と悠久の時の流れのなかで、ひっそりと撮影を続けていた。ビロード革命が起こる気配がまだなかった1989年1月初頭のプラハには、ヨゼフ・スデックの時代の空気感がそのまま残っているようだった。ヴァーツラフ広場（Václavské náměstí）から旧市街広場（Staroměstské náměstí）を抜けて、旧ユダヤ人墓地（Old Jewish Cemetery）に行き、モルダウ川（Řeka Vltava）を跨ぐカレル橋（Karlův most）を渡り、プラハ城（Pražský hrad）へと向かう。初めはそんな観光コースを歩いたが、その後は、トラムに適当に乗り、適当な停留所でふらりと降りて、路地を縫うように歩いた。プラハの中心部は中世のヨーロッパがそのまま残されていて街並みはとても美しいが、郊外まで出ると突然、社会主義計画経済によって運営された都市にありがちな味気ない団地群のような風景になってしまう。フラドの家があるモスケスカの周辺は、その境界よりかろうじて内側にあるが、観光客が歩いている中心部からはちょっと外れた古い労働者階級の街で、東京でいえば大森とか蒲田あたりに相当する地域のようだ。近くには160年前から稼働している製鉄所があった。ちょっとダウナーで、彩やかさに欠けるこの界隈が、じつはいちばんプラハらしい場所だったように思う。モスケスカで昼ご飯を食べようと思い、セルフサービスの食堂に入った。スープとパンを食べている女性がいたので声をかけて写真を撮らせてもらった。食器は少し欠けているし、質素な労働者の食事のようだけど、同じものを選んで食べたらけっ

こう美味しかった。 ちょっと良い雰囲気の工場があった
ので、 三脚を立てて、 4×5のカメラをセットして撮影し
た。 すると警備員のようなおじさんが来て猛烈に怒って
いる。 「お前はスパイか」 と言っているようだ。 そして
パスポートを出せと言うので出して渡したら、 それを持っ
てどこかへ行ってしまった。 これは失敗したかと思った
が、 しばらくしたら戻ってきてパスポートを返却してもらえ
た。 そのときの写真を見ると、 扉の赤く塗られているとこ
ろに 「Kotelna nepovolaným vstup zakázán」 と書いてあ
る。 翻訳ソフトで調べたら 「ボイラー室に入ることは禁止
されています」 という意味だった。 日帰りで、 プラハか
ら南に44キロのベネショフ (Benešov) まで鉄道に乗り、
コノピシュチェ城 (Zámek Konopiště) に行ったりもした。
寒い日で、 ぜんぜん人がいなかった。 城があり、 庭園
があり、 リスと孔雀がいた。 ジム・ジャームッシュ監督の
映画 『ストレンジャー・ザン・パラダイス』 (84年) に、
真冬のエリー湖を訪れるシーンがあったが、 あの感じの、
季節外れで人がいない観光地だった。 冬のプラハはとて
も寒い。 喉から出かかった言葉さえ声になる前に凍ってし
まうのかような、 たとえようのない沈黙が横たわっていた。
それでもなんとなく救われた気分になっていたのは、 そ
の沈黙の重さを解きほぐすように、 乳白色の淡い陽光が、
いつもやんわりと街を包み込んでいたからである。 午後4
時に一旦フラドの家に戻り、 アンドレと待ち合わせて夕食
に出た。 なぜ4時だったのかというと、 冬場は陽が短い
からという理由ばかりではない。 毎日5時になると、 離婚
してひとり暮らしになっていたフラドのところに若いガール
フレンドが訪ねてくるので、 しばらく帰れなくなるのだ。 ぼ
くらは食事の後、 ジャズの生演奏をやっているクラブに
行ったりして時間を潰した。 この時代のチェコスロバキア
のジャズについてぼくはまったく知らなくて、 残念ながら
写真も撮らなかったし、 実際に見た演奏もおぼろげな記
憶しか残っていない。 今思えば、 カレル・ヴェレブニー
(Karel Velebný) など70年代のチェコのジャズ・シーン
を撮影していたヤン・マリー (Jan Malý 1954-2017) の
写真みたいな雰囲気があるジャズ・クラブだったのだが。
そしてプラハの街がシーンと眠りにつく夜9時ごろ、 フラド
のガールフレンドと入れ替わるように、 アパートの薄暗い
階段を上っていくのだった。

1989年1月5日
Praha

1月5日の晩ご飯は、 アンドレ、 ウド、 フラド、 フラド
の妹、 ぼくら2人という6人で食べに行き、 フラドの家に

戻っていろいろ話をした。 そして夜11時、 フラドがチェ
コ国営シュコダ・オート (Škoda Auto) 製の自家用車で
プラハ本駅まで送ってくれた。 シュコダは東欧っぽくて風
情がある車を生産していたが、 その後民営化されてフォ
ルクスワーゲン傘下になり、 今は平凡な車を生産している。
ぼくらはプラハ本駅を23時54分に出発するベルリン行き
の夜行列車に乗った。 切符は事前に買ってあった。 チェ
コスロバキア (当時はチェコとスロバキアに分離していな
かった) に滞在したのは、 わずか3日間のことだった。

1989年1月6日
West-Berlin,Kreuzberg

1月6日の朝、 東ベルリン、 リヒテンベルク駅
(Bahnhof Berlin-Lichtenberg) に到着。 ここでSバー
ン (国鉄時代のJRのような鉄道) に乗り換えて、 フリー
ドリッヒシュトラーセ駅 (Bahnhof Berlin Friedrichstraße)
で入国手続き。 ベルリンの壁の内側に入り、 西ベルリン
の中心部にあるツォー駅 (Bahnhof Berlin Zoologischer
Garten) に降り立った。 クリスチアーネ・Fという少女
が、 フィクサー (ヘロイン常習者) になり、 破滅的な生
活を送るようになった過程を克明に描いたノンフィクション
『かなしみのクリスチアーネ〜われらツォー駅の子供たち』
(邦訳本は81年。 原本は78年に出た 『Wir Kinder vom
Bahnhof Zoo』) のタイトルにも組み込まれているツォー駅
である。 『かなしみのクリスチアーネ…』 は過酷な話だ
が、 惹きつけられてしまい、 繰り返し読んでいた。 この
本にはヘロインを買うためにツォー駅で客を引く子供たち
の姿が描かれている。 原本は100万部を超えるベストセ
ラーになったというから、 ここに描かれているのは70年代
の西ベルリンのリアルな姿なのだろう。 まずは大きなバッ
クパックをツォー駅のコインロッカーに入れて、 カフェでひ
と休みした。 駅前にはメルセデス・ベンツのマークがつ
いた大きなビルが建っている。 街を走っている車はみん
なぴかぴかで、 じつにスムーズに通り過ぎていく。 街の
あちこちに広告があふれている。 プラハで見た車はどれも
前時代的な代物だったし、 街には広告の看板の類がまっ
たく架かっていなかった。 プラハから一夜にして西ベルリ
ンに移動すると、 時空間をグニョっとワープしてきたような
気分になる。 ぼくは前日までのことを反芻せずにいられな
かった。 プラハは、 ワルシャワ条約機構 (NATO、 北
大西洋条約機構に対抗して、 1955年、 ソ連を盟主とした
東ヨーロッパ諸国が結成した軍事同盟。 91年に解散した)
に属する共産圏であったがゆえに、 古いヨーロッパがその
まま封印されていた街だ。 わずか3日間の滞在だったが、

André Kemnitz, Vlado Petrik, Udo Böttcher

Einstürzende Neubauten 21 May 1985 Tokyo

そんな街を実際に歩き、そこで生活している人間と実際に出会ったことが、はるか昔に夢の中で起こった出来事であるかのように思えてならなかった。しばらくの間ぼんやりと街の様子を眺めていたが、ともあれやっと西ベルリンにたどり着いたのだから壁際の一角を占めるクロイツベルク（Kreuzberg）地区に行かねばと思い、カメラを入れたデイパックだけ担いでUバーン（地下鉄）に乗った。

　西ベルリンで最初に撮ったのは、スーパーマーケットの写真だ。今見ると古めかしい雰囲気だけど、資本主義の国はやはり物が豊富だと思ったのである。ショッピングカートがとにかく大きい。このときの写真に写っていたショッピングカートは、1985年5月21日に後楽園ホールで行なわれた西ベルリン、クロイツベルクを拠点とするバンド、アインシュテュルツェンデ・ノイバウテン（Einstürzende Neubauten）の初来日公演を撮影した写真と見比べてみたら、ムフティことF.M.アインハイト（F.M. Einheit）がパーカッションとして叩いていたショッピングカートとまったく同じものだった。

　クロイツベルクは、西ベルリンのなかでも、廃墟とスクウォッター（ビルの空き部屋などに不法に住みついてしまう人。ドイツ語では、ハウスベゼッツァー）がとりわけ多い街だと言われていた。実際に行ってみると、確かに廃墟のように荒れたビルは多くて雰囲気はなかなかワイルドだが、本当にスクウォッターがいるのかどうか、ちょっと歩いただけでは判らなかった。80年代前半にはアーティストなどが数多く移り住んできて、アンダーグラウンドの文化発信基地みたいになったと伝えられていたが、85年以後、警察による手入れが厳しくなり、スクウォッターの多くが追い出されたという経緯がある。街は思っていたより寂れていて、この風景を退廃的だと言えば響きは美しいが、荒廃していたと言うほうが率直な気がしなくもない。少し人通りのある方へ行ってみると、ドネルケバブを売っている店があった。大きな串に何十枚かの肉を刺して固まりにしたものを回しながら焼き、表面の焼けた肉を刀のような包丁でぱらぱらと薄く削いで、サラダと一緒にパンに挟んで食べるものだ。売っているのはトルコ人、あるいはトルコ系ドイツ人だ。クロイツベルクはガストアルバイター（外国人労働者）として移民してきたトルコ人が多い街でもある。歩きまわっているうちに、鉄道の廃駅跡に出た。大きな正面玄関のところだけ遺跡のように残っているが、中はすっかり取り壊されて広い空き地になっている。後で調べたら、そこは1945年2月3日に連合軍の空襲で駅の屋根が倒壊したものの壁面は残り、戦後も使われていたが、1952年に列車の運行が廃止されたアンハルター駅（Anhalter Bahnhof）の跡だった。ヴィム・ヴェンダー

ス監督の映画『ベルリン・天使の詩（Der Himmel über Berlin）』（87年。日本公開は88年）のロケーションにも使われ、ピーター・フォークが「列車が止まるのでなく、駅が止まってる駅」と独り言を呟いていた場所だ。廃駅跡の空き地の中に、蒸気機関車が1台、なぜか逆さまに置かれていた。何十トンもある鉄の塊をわざわざ逆さまにした理由を知ったのは後年になってからである。放置されたように見えていた蒸気機関車は、フルクサスのアーティストのひとり、ヴォルフ・フォステル（Wolf Vostell）の「La Tortuga Die Schildkröte」（88年）という作品で、戦時中、アンハルター駅から出発した列車で9600人のユダヤ人が強制収容所に送られたという史実を意識したものだった。アンハルター駅の跡で、若いカップルに出会った。男のほうが立ち小便をし始めたのであっけにとられてその光景を見ていたら、小便を終えた男は、ぼくがカメラを持っていることに気づき、写真を撮れというジェスチャーをする。初めはちょっと頭がヘンな人なのかと思い、とりあえず1枚だけシャッターを切った。すると動きながら次々と面白いポーズをとるので、たくさん写真を撮ってしまった。彼は逆さまの蒸気機関車に登って、動輪の間から顔を出したりした。そして撮影が終わってから初めて言葉を交わした。彼はイギリス人のクリス、彼女はスペイン人のオルガ。旅行者だという。まだホテルを見つけていなかったぼくらは、いつのまにか、クリスとオルガが滞在しているクラウス・クリマー（Klaus Kremer）のフラットというところに転がり込むことになっていた。

　クラウス・クリマーのフラットは、いかにもクロイツベルクっぽい、廃墟と断定してさしつかえないビルの中にあった。外壁はぼろぼろ、窓ガラスは枠ごと欠落しているところも多い。入口の周りには廃材が散乱していた。外観を見るかぎり、普通に泊まれるような部屋などありそうにない。西ベルリンに着いたその日にスクウォッター（ハウスベゼッツァー）になるのかと戸惑ったが、中に入るとビルの一部に意外にも綺麗にリノベーションされた部屋があったのだ。リビング、キッチン、トイレ、お湯が出るシャワーが共同スペース、4つか5つあるベッドルームにそれぞれ誰かが滞在するという仕組みになっていて、ちょうどひとつ、ベッドルームが空いていた。クリスとオルガが言うには、別のビルに住んでいるオーナー（その人がクラウス・クリマーだった）にお金を払って泊まることになっているけど、2、3日ならバレないからタダで泊まれるとのこと。看板どころか受付の類すらなくて、民泊のようなものなのか、スクウォッターが部屋を修繕して勝手に人に貸す商売をやっているのか、まったく判らなかったが、シェアハウスみたいな感じで雰囲気は悪くない。ぼくらは、ツォー駅のコイ

Anhalter Bahnhof

Chris and Olga with "La Tortuga Die Schildkröte" by Wolf Vostell

ンロッカーに入れておいたバックパックをここに持ってくることにした。 クラウス・クリマーのフラットに滞在していたのは、 イギリス人のクリスとスペイン人のオルガ、 日本人のぼくら、 編集者をやっているというオーストリア人など普通の外国人旅行者ばかりで、 スクウォッターらしい風貌の人はいなかった。 クロイツベルクの街を歩いても、 70年代のクリスチアーネ・F、 80年代前半のブリクサ・バーゲルトやニック・ケイヴのようなアティチュードを湛えている人に出会うことはなかった。 いかにもクロイツベルクっぽい雰囲気のレコード屋があったので入ったら、 アインシュテュルツェンデ・ノイバウテンのライヴを収録したブートレグのカセットや、 東ドイツのノイズ・バンドのカセットがあったので買い、 店員にノイバウテンの中心人物、 ブリクサ・バーゲルトはどこにいるのかと尋ねてみた。 するとブリクサはもうクロイツベルクには住んでいないと言われた。 かつてブリクサの拠点でもあったゴルツ通り （Goltzstraße） にあるカフェM （Café Mitropa） にも行ってみたが、 特別な雰囲気を感じることはなかった。 西ベルリンを歩いて否応なく感じたのは、 来るのが遅すぎたということ。 もはやもぬけの殻だと思った。 アインシュテュルツェンデ・ノイバウテンの初期の3枚、 『コラプス （Kollaps）』 （81年）、 『患者O.Tのスケッチ （Zeichnungen des Patienten O.T.）』 （83年）、 『半分人間 （Halber Mensch）』 （85年） には特別な雰囲気があったし、 ニック・ケイヴが実質的にベルリンを活動拠点としていたのも82年から85年ぐらいまでだ。 85年以後のベルリンは、 アンダーグラウンドの文化が力を奪われていたのだと思う。 とはいえクロイツベルクには、 この時代の西ベルリンならではのフォトジェニックな風景があり、 三脚を立てて4×5のカメラを乗せて撮影するのは楽しかった。 アンハルター駅の跡に隣接して建っていた巨大な倉庫のような古い建物は特に印象的だった。 後に知ったことだが、 このうち捨てられたように見えた建物は、 アンハルター・バンカー （Anhalter Bunker） という1942年に作られた防空施設だった。 地上5階、 地下2階で、 外壁は3メートルの厚みがあり、 1945年5月1日にはこの施設に空襲を逃れようとした市民12000人が避難して大混雑だったという。 ソ連によるベルリン封鎖 （1948年） のときは、 西ベルリンのテンペルホーフ空港に空輸された物資を保管する倉庫として使われた。 ヒトラーが1945年1月から自殺した同年4月30日まで過ごしたベルリンの総統地下壕 （Führerbunker） は、 ネオナチの聖地になる懸念から埋められ、 跡地は駐車場などになっている。 そのかわり戦時中の記録を伝える博物館としてこの建物が整備され、 96年にベルリン・ストーリー・バンカー （Berlin Story Bunker） という博物館

になった。 ヴィム・ヴェンダースの 『ベルリン・天使の詩』 がDVD化されたとき、 裏ジャケットにアンハルター・バンカーの写真が使われていた。

1989年1月7日
West-Berlin, Kreuzberg

翌日、 1月7日もほとんどクロイツベルク地区を歩きまわることに費やした。 荒れたビルとそこに住みつくスクウォッター、 そして移民が多い街。 しかしこれだけではクロイツベルク特有の雰囲気は説明がつかない。 そういう地区ならヨーロッパの大都市の片隅にはだいたいあるものだ。 たとえばロンドンなら、 ジャマイカ系の移民がたくさん住んでいるブリクストンでは、 94年にクリミナル・ジャスティス・アクトという法律が施行されるまではスクウォッターもたくさん住みついていて、 なかなかワイルドだった。 しかしクロイツベルクには、 ここ特有の出口のない圧迫感のようなものがどんよりと漂っていたのである。 それはやはり、 壁のせいだったのだと思う。 西ベルリンは壁に囲まれた陸の孤島であり、 巨大な刑務所のようなものだ。 地図を見ると、 クロイツベルク地区は東ベルリンの中心部にアッパーカットを食らわすように張り出て、 壁がそれをぴしゃりとブロックしているような形になっている。 壁の両サイドから加わる圧力がとりわけ強かったはずだ。 ベルリンの壁が東西冷戦の象徴であるというような概念に思いを巡らすより先に、 壁があるという物理的現実が重くのしかかっていることを実感した。 ちょっと歩けば壁にぶち当たり、 行く手を遮られてしまう。 逃げ場のない壁際の街。 やはりこれはかなりシュールな現実だ。 ベルリンの壁を、 すうっと通り抜ける。 そんなことができたのは、 映画 『ベルリン・天使の詩』 のなかでブルーノ・ガンツが演じていた人間の姿をした天使しかいない。 もちろんこれは映画であって、 フィクションだ。 ところがラストのほうで、 人間の姿をした天使がついに本当の人間になり、 ポスターを見てふらりとライヴの会場に入っていくシーンがあるのだが、 そこで本物のニック・ケイヴ&ザ・バッド・シーズが、 映画のなかでもニック・ケイヴ&ザ・バッド・シーズとして出演していて、 本当の持ち歌、 『フロム・ハー・トゥ・エタニティー』 （84年） のタイトル曲を演奏しているのだ。 ここでフィクションとノンフィクションがないまぜになり、 鑑賞している者をベルリンという都市のカオスに絡め取っていく。 『フロム・ハー・トゥ・エタニティー』 は、 ニック・ケイヴ&ザ・バッド・シーズとしてのデビュー作で、 80年代前半の西ベルリンの張り詰めた雰囲気を見事に反映していた。 ザ・バッド・シーズにギタリストとして参加して

021

Anhalter Bunker

いたブリクサ・バーゲルトは生粋のベルリン育ち。一方で、クロイツベルクを拠点とする自らのバンド、アインシュテュルツェンデ・ノイバウテン（崩壊する新建築、という意味だ）を率いていて、さらに鋭くこの時代のベルリンという街の核心を突くようにノイズを発していた。クロイツベルクの壁際を歩いていたとき、ぼくはブリクサ・バーゲルトの叫び声を思い出した。それは85年5月21日、東京の後楽園ホールで、アインシュテュルツェンデ・ノイバウテンの初来日公演をリハーサルから通して撮影していたときのことである。ステージの上には、ドラム缶に鉄板を組み合わせたもの、金属の机に太いスプリングをくっつけたもの、ショッピングカートそのものなど、さまざまなメタル・ジャンクが散らばっていた。一見無造作のようだが、それぞれのジャンクには考えられた位置にマイクがセットしてあって、ひとつひとつの音を細かくサウンド・チェックしながら詰めていく。ノイバウテンは、メタル・ジャンクを鉄棒で叩いたり、電気ドリルで擦ったりしてノイズを出すバンドだ。しかし闇雲にノイズをかき鳴らすのではなく、ノイズの渦をビートに組み上げていくことに予想以上に神経を使っていて、入念なリハーサルを行なっていた。メタル・ジャンクを叩くのは、ムフティこととF.M.アインハイトとN.U.ウンルー。ベースがマーク・チュン、マルチプレーヤーのアレクサンダー・ハッケ。彼らがある程度音を固めてきたところで、ブリクサ・バーゲルトがステージに現われた。背が高くて痩せている。いつものように、といっても実物を見たのは初めてだったが、黒いシャツに黒の皮パンツ、肉体を締め上げる貞操帯のような黒いベルト、黒のゴム長といった黒ずくめのスタイルだった。普段着とステージ衣装の区別はない。その姿でマイクの前に立つと、いきなりすごい叫び声をあげたのである。本番のライヴは、メタル・ジャンクを激しく叩いたパーカッシヴなビートがたたみかけてくる曲を次々と演奏した末に、〈Yü-Gung〉（85年）や〈Sand〉（85年）といったノイズの渦を突き抜けた果てに響いてくる美しいメロディの曲で締めくくるという構成で本当に素晴らしかった。でもこのときは、リハーサルでいきなり叫び声をあげたときにグラッときた最初の衝撃を思い出したのだった。

西ベルリン側の壁際には、壁越しに東ベルリンの街を覗ける物見櫓が何か所かに設置されていた。そのうちのひとつ、クロイツベルク地区のチェックポイント・チャーリーからほど近い道ばたに設置されていた物見櫓に登ってみた。物見櫓から壁の向こう側を眺めてみると、ベルリンの壁は、単に1枚の壁ではなく、東ベルリン側に50メートルぐらい入ったあたりに、もう1枚の壁が平行して建て

られていたことが判る。ふたつの壁の間の帯状のスペースには一定の間隔で監視塔が建っていて、中にいる東ドイツの国境警備隊が双眼鏡を覗いている姿まではっきりと見えた。このスペースに東ベルリン側から入り込む人を発見したら射殺するというのが彼らの任務だ。シュプレー川が国境の壁の役割を果たしていた部分もあったが、そういうところも東ドイツ側にもう1枚の壁を作って、死角がないように監視塔も建てられていた。

壁越しに東ベルリンの風景を覗いてみると、もし壁の向こう側に住んでいたら、やっぱり亡命を企てるかもしれないと思った。しかし同時に、このように思ったのである。壁の向こう側の東ベルリンにはアンドレが住んでいる。さらに向こう側にはチェコスロバキアという国があり、プラハにはフラドが住んでいる。プラハは初めて訪ねた共産圏の街で、確かに走っている車などは前近代的だったけど、市井の人々の生活が際だって困窮しているとは思えなかったし、会った人たちはおおむね穏やかな日々を過ごしているように見えた。そしてなにより街が美しかった。ところが物見櫓から壁越しに東ベルリンの風景を見ても茫漠としている。向こう側でアンドレやフラドが生活している様子は想像できない。それに壁のこちら側にだって出口の見えない圧迫感のようなものが漂っているではないか。クリスチアーネ・Fはフィクサーになってしまったし、ブリクサ・バーゲルトは叫び声をあげていたのだ。

1989年1月8日
Ost-Berlin

1月8日の朝、Uバーンでフリードリッヒシュトラーセ駅へ行き、東ベルリンに通じるパスポート・コントロールのゲートに並んだ。そして5DM（西ドイツのマルク。1DMは72円）の手数料を払ってアイン・タルク（日帰りビザ）を取得して、25DMを25M（東ドイツのマルク）に等価交換する強制両替を済ませると、簡単に東ベルリンに出ることができた。東ベルリン側のフリードリッヒシュトラーセ駅から、Sバーンを乗り継いで、まずは郊外のオラニエンブルクという町に向かった。Sバーンの線路は複雑に入り組んでいる。ベッヒャー夫妻の写真集に出てくるような古めかしい給水塔の脇をすり抜けて、木造の跨線橋の下をくぐり、がたごと走って1時間ほどで到着。郊外というよりはすっかり田舎で、なかなか気持ちいい。オラニエンブルクの駅からぶらぶらと15分ほど歩いたところに、ザクセンハウゼン強制収容所（Konzentrationslager Sachsenhausen）跡があった。ここはナチス親衛隊（SS）によって1936年から45年まで運営されていたとこ

F.M. Einheit, Marc Chung, Blixa Bargeld, N.U. Unruh, Alexander Hacke
Einstürzende Neubauten   21 May 1985 Tokyo

Nick Cave
26 June 1989 Tokyo

Nina Hagen
7 March 1995 Tokyo

ろ。 初めは政治犯とされた共産党員や社民党員、ジプシーなどを収容したが、38年以後は主にユダヤ人を収容していた。 アウシュヴィッツ強制収容所が開所したのはナチスがポーランドに侵攻した後の40年で、 初代所長に悪名高いルドルフ・フェルディナント・ヘスが着任したが、ヘスはその直前までザクセンハウゼン強制収容所で副所長を務めていた。 戦後は保存され、観光客が訪ねる施設としてガイドブックにも載っていた。 しかしこのときは、ほかに見学に来ている人はひとりもいなかった。 どんよりとした曇り空だったから過剰に感じたのかもしれないが、ナチスが人体実験していた白いタイルの流し台がある理科の実験室のような薄暗い部屋とか、後ろ手に吊して拷問するための鎖がついた電柱のような木が3本並んでいるところとか、ひんやりとした気配が生々しく伝わってきた。 ザクセンハウゼン強制収容所跡はその後整備され、93年にザクセンハウゼン追悼博物館（Gedenkstätte und Museum Sachsenhausen）になった。 ザクセンハウゼン強制収容所跡の見学を終えて、近所で唯一営業していたレストランに入り、ちょっと遅い昼飯を食べた。 レストランは、がらんとしていて薄暗い。 食後のトルコ・コーヒーを飲み（普通のコーヒーはない。 共産圏は基本的にトルコ・コーヒーのようだ）、会計を済ませて席を立ったときのことである。 ウエイトレスの若い女性がそっと紙切れを差し出して、このように話しかけてきた。 「ここに友人の住所が書いてあります。 彼女は西側の人と連絡をとりたがっています。 手紙を書いてあげてください」。 そのウエイトレスとは注文したとき以外、まったく会話をしていない。 ちょっと唐突で、何か切実な理由があることを匂わせていた。 でもここはザクセンハウゼン強制収容所跡の近くで唯一営業しているレストランなのだ。 今はたまたま見かけないけど、西側の旅行者ぐらい珍しくないはずだ。 オラニエンブルクの駅に戻る道すがら、その紙切れを開いてみた。 「Antje Kıchter」という名前が書いてある。 住所の最後のほう、DDR（東ドイツ）の前には「Velten」と書いてある。 フェルテンという町に住むアンティエという女性、いったいこの人は何を考えているのだろう。

オラニエンブルクから東ベルリンへ戻るSバーンに乗り、プレンツラウアー・アレー（Prenzlauer Allee）駅で降りた。 この駅から東ベルリンの中心部側に広がるプレンツラウアー・ベルク（Prenzlauer Berg）地区は、東ベルリンのなかでもとりわけ古い労働者階級の街で、貧しい学生や芸術家なども多い場所だ。 くすんだ色調のビルが肩を寄せ合うように連なっている。 本来は庶民が行き交う下町なのだろうが、どっぷりと沈み込むような静けさに包まれていた。 この街にアンドレが住んでいる。 すでにプラハから帰ってきているはずなのだ。 住所を頼りにアンドレのフラットを探すのはたやすかった。 窓枠を赤く塗ってあると聞いていたが、 中庭に面して建っている30世帯ぐらい入居している古いレンガの建物を見上げると、 確かに1戸だけ窓枠が鮮やかな赤に塗られていた。 いきなりの訪問だったが、 ちょうどこの日の朝プラハから戻ったばかりだというアンドレと再会できた。 なかなか明るい雰囲気の部屋で、 コーナーには緑色のソファーがL字に置かれていた。 壁にはライオネル・ファイニンガー（バウハウスの画家）のポスターが張ってある。 棚にはレコードが50枚ぐらい並んでいて、 そのなかから、スメタナの連作交響詩『我が祖国』の第2曲〈モルダウ〉と、U2の『ヨシュア・トゥリー』（87年）をかけてくれた。 会話は英語なのだが、アンドレはよく、「アッ、ソウ（a'ha soドイツ語。 意味は日本語と同じ）」と相槌を打つ。 西ベルリンのテレビやラジオはまったく問題なく視聴できるらしく、欧米のヒット曲には普通になれ親しんでいた。 夜まで話し込んで、アンドレは泊まっていくようにと勧めてくれたが、アイン・タークで来ているので絶対に西ベルリンに戻らなくてはならない。 するとアンドレは、「フリードリッヒシュトラーセ駅で23時55分に西側に戻って、0時過ぎに新しいアイン・タークを取得してまた東側に来ればウチに泊まれるんじゃないの」と提案をしてきた。 それは名案だ。 明日はそうしようということになった。 この日、アンドレの家のテレビ・ニュースでヒロヒトの死（89年1月7日、昭和天皇の崩御）を知った。

後日気づいたことだが、ザクセンハウゼン強制収容所とプレンツラウアー・ベルクは、85年3月の来時に撮影したニナ・ハーゲンにゆかりのある場所でもあった。 ニナ・ハーゲンは、55年に東ベルリンで生まれた。 父は脚本家のハンス・ハーゲン（Hans Oliva-Hagen）、ユダヤ人である父方の祖父はザクセンハウゼン強制収容所で亡くなった。 母は女優のエヴァ・マリア・ハーゲン（Eva-Maria Hagen）。 両親は59年に離婚し、エヴァ・マリアは65年に詩人でシンガー・ソングライターのヴォルフ・ビーアマン（Karl Wolf Biermann）とパートナーになった。 ニナ・ハーゲンにとって継父となったヴォルフ・ビーアマンは、西ドイツのハンブルク生まれだったが、社会主義に希望を抱き、53年に自ら東ドイツに移住した。 しかし次第に社会主義政権に幻滅して、シュタージ（東ドイツの秘密警察）にマークされるようになり、76年、西ドイツ公演を行なっていたタイミングでドイツ社会主義統一党（SED）に東ドイツの市民権を剥奪され、そのまま西ドイツで生活するようになった。 翌77年、エヴァ・マリアとニナ・ハーゲンも東ドイツの市民権を剥奪されて西

Konzentrationslager Sachsenhausen

ドイツで暮らすようになった。結果的に首尾良く西側に亡命できたことになる。東ベルリン時代のニナ・ハーゲンは、プレンツラウアー・ベルクにあるハインリッヒ・シュリーマン学校（Heinrich-Schliemann-Gymnasium）に通っていた。その後、アウトモビール（Automobil）というバンドに加わって〈Du hast den farbfilm Vergessen〉（74年）をヒットさせた。西ドイツに移住してからのニナ・ハーゲンは、ニナ・ハーゲン・バンドとして活動を開始。〈African Reggae〉が収録されたセカンド『Unbehagen』（79年）は傑作だ。ポップ・グループ（The Pop Group）の『Y』、スリッツ（The Slits）の『Cut』と同じ79年にドイツでこのアルバムがリリースされていたことは改めてすごいと思う。

1989年1月9日
Ost-Berlin

1月9日。朝、荷物を全部持って西ベルリン、クロイツベルクのクラウス・クリマーのフラットを出た。そのまま行ってしまえば宿泊費はタダになるところだったが、ぼくらは律儀にオーナーのところまで支払いに行った。するとオーナーは、「クリスとオルガが泊まっていることは知っていたけど、キミたちが泊まっていることはぜんぜん知らなかったよ」と、嬉しそうにお金を受け取った。フリードリッヒシュトラーセ駅で、前日と同じ手順でアイン・タークを取り、東ベルリンに出た。路面電車に乗り、アンドレのフラットへ向かう。アンドレは、この日から仕事に行くことになっていた。パントマイムで生活できているわけではない。ぼくらはアンドレのフラットに荷物を置かせてもらい、昼間はカメラを担いで東ベルリンの中心部を歩きまわった。まず目を引いたのはタヘレス（Tacheles）という巨大な廃墟である。タヘレスは、元々は1928年に最先端のデパートとして建てられたが、第二次世界大戦末期に空爆で建物の半分が破壊され、それからずっと廃墟として鎮座し続けていた。その間、どれほどの沈黙を呑み込んだことだろう。この廃墟を美しいと感じるのは、常に動いているからではないかと思った。目に見えないゆるやかな速度で、朽ちてゆき、崩壊していく。その微細な動きの連続が、あやふやな時間軸との関係性を揺さぶり、見る者に有機的な働きかけを行なっているのではないか。タヘレスという廃墟の一瞬の光景を記録するために、ぼくはブローニ判の6×12センチのフィルムバックを装着した4×5インチ判のカメラに65mmのレンズをセットして写真を撮った（タヘレスは、このときは無人の廃墟だったが、ベルリンの壁が崩壊した後、アーティスト系スクウォッターがどんどん移り住んできて、アトリエにしたり、ギャラリー

だのカフェだのを勝手にオープンしたりして、芸術家村のように変貌を遂げた）。タヘレスのほかにも東ベルリンには数多くの廃墟があり、どれもが美しかった。なぜなら、廃墟といっても西ベルリンのそれが殺伐とした破壊型廃墟であるのに対して、東ベルリンのそれは、レンガの外壁の内側に華やかな時代の記憶を封印したまま朽ちていくような浸食型廃墟だったからだ。さらに、東ベルリンの廃墟の美しさを支えるもうひとつの要因として、現役で稼働している建築物が廃墟と違和感なく共存していたということをあげなければならない。近年の建築物も、廃墟の機嫌を損ねないよう配慮したかのように、ずっしりと押し黙っているのだ。たとえば東ベルリンのランドマークとなっているテレビ塔（Berliner Fernsehturm）である。コンクリートで固めた巨大なロウソクの上に、球形の展望台をぶっ刺したような異様な外観をしている。高さ365メートル、完成したのは69年。当時としては最新の建築技術をつぎ込み、威信をかけて建てたに違いないこのテレビ塔にも、すでに骨董品のような風合いが滲み出ていた。共産圏離れしたお洒落な男子がいたので声をかけて撮影させてもらった。彼はダヴィット・ジェニング（David Jenning）という。撮影した後、互いに紙切れに名前と連絡先を書いて交換した――その16年後、05年10月に「ドイツで彼と会い、ぼくに写真を撮られたと言っているけど心当たりありますか」と、日本人の女性から連絡がきた。「masataka ishida」は同姓同名は案外少なくてたどり着くのだ。ぼくはメールで彼女に彼の写真を送り、彼女はそれを彼に転送した。すると05年11月5日に彼、ダヴィットから「Hello to tokyo from berlin. Isnt it a strange story. 16 years later!」で始まる長いメールがきて、その後の人生が書いてあった。ダヴィットは、1989年6月21日に東ベルリンを脱出して西ドイツのミュンヘンに移住していた。まだベルリンの壁があったときだ。それから地図を作る出版社で働き始め、96年にミュンヘンからハンブルクに移り、念願だったグラフィック・デザイナーになって、『Welt am Sonntag』という新聞、ドイツ版『Financial Times』を経て、00年にベルリンに戻り、『Die Welt』という新聞のデザインをやるようになったと記されていた。

夕方、この日はアンドレたちのパントマイムの発表会だったので直接会場に向かった。そこはクロスター通り（Klosterstraße）にあるビルの地下だった。休憩コーナーも広くとってあり、共産圏離れした洗練された空間だ。終演後、プレンツラウアー・ベルク地区にあるアンドレのフラットに一緒に帰った。アンドレのフラットでしばらく過ごし、23時過ぎ、一緒に路面電車（Straßenbahn）に乗って、フリードリッヒシュトラーセ駅に行き、23時50

Tacheles

Berliner Fernsehturm

David Jenning

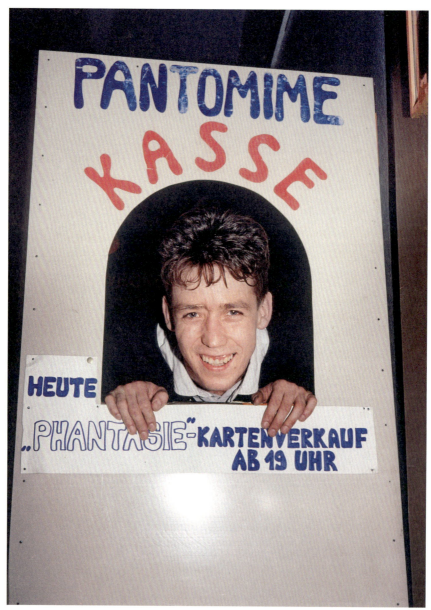

André Kemnitz

分ごろ、ぼくらはイミグレを通って西ベルリン側に行った（戻った）。日帰りビザで東ベルリンに来ているので、絶対に24時までに西ベルリンに戻らなくてはならないのだ。そして0時を過ぎたらすぐ、今度はトランジット・ビザを取って東ベルリンに戻った（入った）。日付が変わり、1月10日になると、ぼくらは東ベルリン郊外のシェーネフェルト空港からアエロフロートに乗り、モスクワ経由で帰国の途につくことになっていたので、アイン・タークではなくトランジット・ビザになった。ともあれ無事、東ベルリンに戻ることが出来てフリードリッヒシュトラーセ駅の外に出たら、待っていたアンドレが拍手で迎えてくれた。夜中でも走っていた路面電車でプレンツラウアー・ベルクに戻り、アンドレのフラットに泊めてもらった。

1989年1月10日
Ost-Berlin

　1月10日の朝、仕事に向かうアンドレと一緒にフラットを出て、ぼくらはプレンツラウアー・アレー駅からSバーンでシェーネフェルト空港に向かった。空港で手荷物を検査するためにX線を照射する機械を見たとき、ちょっとイヤな予感がした。荷物がトンネルをくぐるように進むタイプではなく、旧式の電子レンジを巨大化したような機械で、その中に荷物を入れさせられた。写真のフィルムだけは勘弁してほしいと懇願したが、絶対に大丈夫だからすべて中に入れろと言う。係の人はしっかりと扉を閉めてスイッチを押した。ビビビッという音が聞こえたわけではないが、いかにも強力なX線を浴びせていそうだった。案の定、撮影済みフィルムはすべてX線を遮断する箱に入れていて助かったが、箱に入りきらなかった10本ほどの未露光のフィルムはダメになっていた。日本に帰ったのは1月11日。わずか10日間の旅行だったが、ベルリンからプラハへの車中泊、プラハではフラドのアパートに2泊、プラハからベルリンへの車中泊、西ベルリンでクラウス・クリマーのフラットに3泊、東ベルリンでアンドレのフラットに1泊、モスクワから成田の機中泊と、ホテルには1泊もしない旅行となり、多くの人に巡り会うことができたのだった。

1989
Revolution an

Ⅲ.

　1989 年は激動と変革の年だった。しかしリアルタイムでは、次に何が起こるのか想像もつかないなか、現実はテレビ・ニュースの画面の中で、あれよあれよという間に展開していく感じだった。

　ベルリンから帰国すると、日本は昭和天皇崩御の余波にすべてが支配されているかのようだった。テレビからお笑い番組が消え、コンサートやイヴェントの中止が相次ぎ、東京の中心部は警察官だらけになっていた。そんなおり、東京の自宅でテレビを見ていたら思いもよらないニュース映像が飛び込んできて、ぼくの目は釘づけになった。オレンジ色の街灯がボワッと夜霧を照らし出す古い街並みのなかを、群衆が何やら叫びながら練り歩いていたのである。まぎれもなくプラハの映像だった。89 年 1 月 15 日から 21 日にかけて、プラハでは、68 年の" プラハの春 "から派生したソ連の侵攻および占領に抗議して 69 年 1 月 19 日にヴァーツラフ広場で焼身自殺した大学生、ヤン・パラフ（Jan Palach）を追悼するという名目で集会とデモが行なわれたのである。それが" プラハの春 "以来となる大規模な民主化運動となり、後に大統領になる劇作家のヴァーツラフ・ハヴェル（Václav Havel）を含む多数の市民が逮捕されたのだ。このニュースは、ぼくにとってふたつの意味で衝撃的だった。まず、わずか 2 週間前に歩いていたプラハの街は穏やかな印象でまったく気づかなかったが、実際には見えないところで民主化を求める民衆の思いがじわじわと高まっていたのだということが判った驚き。それから、68 年に起こったプラハの春が、20 年あまりの時を経て最新ニュースに繋がっていたという驚きである。プラハの春は、このような経緯をたどった。

プラハの春
Prague Spring

　68 年 1 月、チェコスロバキアで、人間の顔をした社会主義という考え方を唱えていたアレクサンデル・ドプチェク（Alexander Dubček）が共産党第一書記に就任した。それはチェコスロバキアに民主化への機運が芽生え始めたことを意味していたので、ソ連は不快に思っていた。68 年 7 月 29 日から 8 月 1 日にかけて行なわれたチェルナ会談で、ドプチェクは、当時ソ連の首脳だったレオニード・ブレジネフ共産党書記長とアレクセイ・コスイギン首相に対して説明した。「われわれの政策は基本的に社会主義であり、ソ連との友好は絶対に壊れない」。しかしソ連は納得しなかった。このように応じたという。「チェコスロバキアは、西ドイツとの国境の防衛が十分でない。西部国境はあなたがたの国境ではない。我々の国境なのだ」。そして 68 年 8 月 20 日の夜から翌 21 日の朝にかけて、ソ連が率いるワルシャワ条約機構軍が大規模な軍事介入を行なった。プラハの古い街並みを踏

d music

躙するようにソ連の戦車が侵入してくる様子を伝えるニュース映像を、当時小学校5年生だったぼくは自宅のお茶の間のテレビで見た。68年4月に起こったマーティン・ルーサー・キング牧師の暗殺や、68年5月のパリ5月革命のニュースをリアルタイムで見た記憶はまったくないが、プラハの春のニュースはリアルタイムで見たときのことを鮮明に覚えている。ひんやりとした感触に包まれて、得体の知れない恐怖を感じたのだった。88年に公開されたフィリップ・カウフマン監督の映画『存在の耐えられない軽さ』を見たときは、プラハの春の実写映像を組み込んだシーンもあり、改めて気持ちが揺さぶられた。写真集『Gypsies』（75年）でぼくに強い影響を与えたチェコスロバキア出身の写真家、ヨゼフ・コウデルカ（Josef Koudelka）は、プラハの春の決定的シーンを撮影していた写真家でもあった。その写真は密かに外国に持ち出されて、初めは「プラハの写真家」という匿名の写真家による写真として発表された。コウデルカの作であることが明らかにされたのは、84年にプラハ在住だった彼の父が亡くなった後で、決定的な写真集『Invasion Prague 1968』が出版されたのは40年後、08年のことである。プラハの春によってドプチェクによる改革路線が頓挫した後、69年4月に、ソ連が後押しするグスターフ・フサークがチェコスロバキア共産党第一書記に就任して、反革命分子、あるいは修正主義者とみなされた

者には激しい弾圧が加えられるようになり、チェコスロバキアは長い沈黙の時代に入っていった。77年に劇作家のヴァーツラフ・ハヴェルらが人権抑圧に対して抗議する文書、「憲章77（Charta 77）」を作って署名を集めたが、このときも弾圧され、民主化運動として広がることはなく、ハヴェルらは投獄された。

ソ連の変化
Change in the Soviet Union

東西冷戦下の東欧で民主化を求める運動はいくつかあったが、ベルリンの壁の崩壊に象徴される民主化がドミノ倒しのように広がった89年の変革を改めて振り返ってみれば、80年にポーランドのグダニスクにあるレーニン造船所でレフ・ワレサ（Lech Wałęsa）が中心となって自主管理労組"連帯（Solidarność）"が発足して、自由と経済改革を求めた大規模なストライキを実施したことが、その序章となっていたことに気づく。ソ連の軍事介入によって打ち砕かれてしまった56年のハンガリー革命（ハンガリー語の「1956-os forradalom」の直訳でもある。死者が17000人に上り、20万人が難民となって亡命し、改革派のイムレ・ナジ首相は処刑されるという悲劇的な結末で終わった。当時のソ連共産党第一書記はニキータ・フルシチョフ。以前は「ハンガリー動乱」と書かれることが多かっ

Laibach   25 February 1989 Los Angeles

た）や、68年のプラハの春といった民主化運動のときとは異なり、このときのポーランドにはソ連は軍事介入しなかった。その理由は、前年の79年12月に始まったソ連によるアフガニスタンへの侵攻が泥沼化するなか、西側の反発をはねのけてまでポーランドに軍事介入する余力がなかったからだろう。そしてソ連自体が経済的に疲弊していくなか、85年にミハイル・ゴルバチョフがソ連共産党書記長に就任した。ゴルバチョフはそれまでのソ連にはいなかったタイプの指導者で、ペレストロイカ（政治体制の改革）とグラスノスチ（情報公開）を押し進めていった。ゴルバチョフは87年にチェコスロバキアを訪問したとき、市民との対話を通じて改革派を心理的に支援した。そのため、プラハの春を粉砕したソ連の後押しでチェコスロバキアの共産党第一書記になり、この時点でも継続してその地位に就いていたグスターフ・フサークとの間に、皮肉にも確執が生まれたのだという。それでもゴルバチョフのペレストロイカとグラスノスチを推進する路線は大きな流れになっていき、88年にはソ連の覇権主義（社会主義全体の利益のためには東欧諸国の主権が制限され、場合によっては軍事介入もやむを得ないという考え）は不当だったということを事実上認めたり、『プラウダ』（ソ連共産党中央委員会の日刊機関誌）がスターリン批判の論陣を張るようになったりした。振り返ってみれば、この時期のソ連の変化は、東欧全体が民主化に向かって立ち上がることを間接的に後押ししたと言えるだろう。だとすれば、プラハで89年1月15日に始まった大規模なデモは、起こるべきタイミングで起こったように見える。しかし現実は一筋縄では行かなかった。当時のチェコスロバキア共産党第一書記、フサークから権力を継承したミロシュ・ヤケシュは、旧来の保守強硬路線を踏襲して鎮圧。民主化の動きを封じたのだった。東ドイツでは、エーリヒ・ホーネッカー国家評議会議長（71年にドイツ社会主義統一党中央委員会第一書記に就任して、89年10月18日にすべての役職を解任されるまで、18年間にわたって東ドイツの最高実力者だった）が、89年1月19日の時点でこのような発言をしていた。「壁の存在理由が除去されないかぎり、壁は50年後、100年後も存続するだろう（Die Mauer wird in 50 und auch in 100 Jahron noch boctohon bloibon, wonn die dazu vorhandenen Gründe nicht beseitigt werden.）」ベルリンの壁の存在理由が除去されることなどありえないと、ホーネッカーは確信していたのである。

アンドレ、ウド、フラド、クリスとオルガには写真と短い手紙を送り、アンティエには東京タワーや浅草の雷門が写っている絵葉書に簡単な自己紹介を添えたものを送った。すると真っ先に返信が届いたのはアンティエからだった。東ドイツ（Deutsche Demokratische Republik）の切手が貼ってある封筒で、便箋に、89年1月24日と日付が記されている。文面は癖のある英語で書かれていた。「ブダペストへの旅行から戻りました。絵葉書、どうもありがとう。私たちペンフレンドになれますね。私の名前はアンティエ、1968年生まれです」。送った手紙の自己紹介の中

に「私たちはふたりとも1958年生まれです」と書いていた。すると「もっと若いかと思っていました」と書いてあった。ザクセンハウゼン強制収容所の近くのレストランのウエイトレスは、「ここに友人の住所が書いてあります」と言ってアンティエの住所を渡してきたが、あのときのウエイトレス本人がアンティエだったようだ。手紙には、差し迫った何かが書いてあったわけではない。それでも、文通が趣味というような、のどかな動機の手紙ではなく、西側の人との繋がりを、たとえ細い糸のようなものであっても機会があれば確保しておきたいという意志は読み取れた。

スロベニアのバンド、ライバッハ
Laibach from Slovenija

89年2月に、撮影の仕事でロスアンジェルスに行った。そのとき『Los Angeles Times』の日曜版をチェックしたら、2月25日に、ダウンタウンLAの「Scream」という会場で、ユーゴスラビア社会主義連邦共和国に属するスロベニアのバンド、ライバッハ（Laibach）のライヴがあることを知り見に行った。東ベルリン出身のニナ・ハーゲンを別とすれば、初めて見る本格的な東欧のバンドである。ライバッハは、スロベニアの炭鉱の町、トルボヴリェ（Trbovlje）で結成されたが、スロベニアの中心都市、リュブリャナのドイツ語での名称から取ったバンド名で、ナチス・ドイツに占領されていた戦時中を連想する言い方のようである。ライバッハは、84年に結成された新スロベニア芸術（Neue Slowenische Kunst）という物議を醸す政治芸術集団の音楽部門の担当として、全体主義をパロディにしたような音楽表現を追求した。代表曲〈Life is Life〉を含む『オーパス・デイ（Opus Dei）』（87年）、ビートルズの『レット・イット・ビー』全12曲のうちなぜかタイトル曲を除く11曲のカヴァーで構成した『レット・イット・ビー（Let It Be）』（88年）がヒットして、西側に最も知られた東欧のバンドになっていた。ヴォーカルのミラン・フラス（Miran Fras）らが、鹿の剥製を飾ったステージで、ライバッハならではのパフォーマンスを披露した。ユーゴスラビア社会主義連邦共和国は、冷戦終結後の91年から92年にかけて解体して、スロベニアは独立するのだが、このときはまだ、ユーゴスラビアが新たな民族紛争の現場になるとは思いもよらなかった。

天安門事件
Tiananmen Square protests

6月4日には天安門事件（六四天安門事件）が起こった。天安門事件とは言うまでもなく、北京の天安門広場とその周辺に集結していた学生や市民に対して人民解放軍が武力弾圧して多数の死傷者を出した事件である。4月15日に亡くなった改革派の元総書記、胡耀邦を追悼する集会に端を発して、民主化を求める学生たちのデモが連日行なわれるようになった。5月16日にソ連の首脳として30年ぶりに中国を訪問したゴルバチョフ書記

長が鄧小平と首脳会談を行なったのだが、そのとき、世界中から集まったマスコミは民主化を求めるデモも大きく報道した。その翌日、5月17日に行なわれた中国指導部の会議で、唯一学生側に立った趙紫陽は失脚し、弾圧を進言した強硬派、李鵬の意見を聞き入れた鄧小平が「200人の死が中国に20年の安定をもたらすだろう」と決断した（19年6月9日に放映された『NHKスペシャル』「天安門事件 運命を決めた50日」）。後年になって振り返れば、天安門事件に至る流れを容易に理解できるだろう。しかし胡耀邦が亡くなった時点では、それが天安門事件のような事態に繋がっていくとは誰も想像できなかった。天安門事件に至る民主化運動のとき、学生たちは、中国のロック（揺滾）のパイオニア、崔健（ツイ・ジェン）の〈一無所有（一无所有）〉という曲をテーマ・ソングのように歌っていた。この曲を含む崔健のデビュー・アルバム『新長征路上的揺滾』がカセットで出たのは89年2月だ（日本盤は93年にCDで『俺には何もない（一無所有）』というタイトルで出た）。ぼくが北京で崔健を撮影できたのは94年7月8日だが、天安門事件でもまた音楽が民衆の力とリンクして奏でられていたわけである。

汎ヨーロッパ・ピクニック
Pan-European Picnic

民主化への動きは、ある時点で加速度的に広がっていく。東欧に関しては、89年8月19日に起こった"汎ヨーロッパ・ピクニック（Paneuropäisches Picknick）"ではっきりと潮目が変わった。この事件を機に自由を求める民衆の気持ちが急速に膨らみ、変革の機運がみるみる高まっていった。汎ヨーロッパ・ピクニックとは、ハンガリーのショプロン（Sopron）という、地図で見るとオーストリア領に突き出ている町で集会が開かれて、その場に集まっていた1000人ほどの東ドイツ市民がぞろぞろとオーストリア側に越境して、そのまま西ドイツへと集団で亡命していった事件である。ハンガリーの内務省はこうなることを事前に察知したうえで黙認する方針を決めていた。89年5月2日に、ハンガリー首相、ネーメト・ミクローシュ（Németh Miklós）が「財政上の理由により」という名目で、ハンガリーとオーストリアの間に設置されていた国境の鉄条網の維持を放棄すると発表したときから、"鉄のカーテン"が崩れ始めていた。その情報を事前に伝え聞いた東ドイツ市民がショプロンに集結していた。東ドイツ市民は特別な理由がないかぎり西側への出国が許可されることはなかったが、ワルシャワ条約機構に加盟していたハンガリーへは普通に旅行することが可能だったのだ。汎ヨーロッパ・ピクニックというネイミングは牧歌的だが、1000人規模の集団亡命なのだから尋常ではない。ヤルタ体制が持たなくなるのではないかと分析する声が、この事件を機に聞こえてくるようになった。

そんなおり、アンティエから新たな手紙が届いた。消印は89年9月18日。驚いたことに西ドイツの切手（Deutsche Bundespost）が貼ってあり、差し出された住所はハンブルクに

なっていた。1枚の便箋の両面に渡ってぎっしり書いてある。「私は今、ハンブルクにいます。西ドイツ北部の街です。東ドイツからやってきた大勢の人々と一緒に、ハンガリーからオーストリアに脱出して、8月20日から私は自由になりました」。手紙は挨拶に続いてこのような文章で始まっていた。アンティエはなんと、汎ヨーロッパ・ピクニックのときに亡命した1000人のうちのひとりだったのだ。手紙には、「ルーマニア人のボーイフレンドがいる」とか「私たちはカナダに行く」とか、今後の生活にまつわる夢や希望なども書き連ねてあった。「私は自由になりました（I'm in the freedom）」という言葉に込められた計り知れない喜びの気持ちがひしひしと伝わってきた。アンティエから送られてきた手紙が、テレビのニュース映像で伝えられていた汎ヨーロッパ・ピクニックと繋がっている。そのことに気持ちが大きく揺さぶられた。

同じころ、ぼくはシェベシュチェーン・マールタ（Sebestyén Mártaハンガリーでは日本と同じく姓が先）というハンガリーの女性歌手が歌う音楽に魅せられていた。汎ヨーロッパ・ピクニックが起こるちょっと前に、六本木WAVEで、ムジカーシュ（Muzsikás）の『Nem Arról Hajnallik, Amerről Hajnallott〈The Prisoner's Song〉』（86年）というCDを買った。ジャケットは、どこまでも続いていそうな草原を楽師たちが歩きながら演奏している写真。そんな牧歌的なヴィジュアルでありながら、このようなタイトルだったので興味を持ったのだ。ここに収録されていたのは、第一次世界大戦後にルーマニア領となったトランシルヴァニア地方に住んでいるハンガリー系の住人、マジャール人の村に残っている民謡を採集して独自にアレンジした曲である。初めは何も知らずに聴いたのだが、いかにも東欧っぽいアコースティックでもの悲しい旋律と、癖のある節回しでありながらピュアに響いてくるヴォーカルに心を打たれた。なんとなくスザンヌ・ヴェガを彷彿させるそのヴォーカルの女性がシェベシュチェーン・マールタだった。ほどなくシェベシュチェーン・マールタのソロ名義で出た『Dúdoltam Én』（87年）も手に入れて愛聴盤になった。当時のぼくは、レゲエを軸に、ロック、ヒップホップ、ワールド・ミュージックと、ある程度幅広く聴いていたが、フォーク／トラッド系の音楽はほとんど聴いていなかった。それでもシェベシュチェーン・マールタが歌う音楽は胸の奥に突き刺さってきた。89年の秋は、東欧関連のニュースに接しながらシェベシュチェーン・マールタを繰り返し聴いていた。この2枚のアルバムは、『プリズナーズ・ソング』、『すみれ色の大地』というタイトルで日本盤も発売された。

月曜デモと壁の崩壊
Montagsdemonstrationen and Wall collapse

汎ヨーロッパ・ピクニック以後、西側に脱出しようとする東ドイツ人がハンガリーやチェコに殺到する事態になり、東ドイツ政府はあわててチェコスロバキアへのビザなし渡航を禁止した。チェコに行けなければ、その先にあるハンガリーへも行けなくなる。

崔健　8 July 1994 Beijing

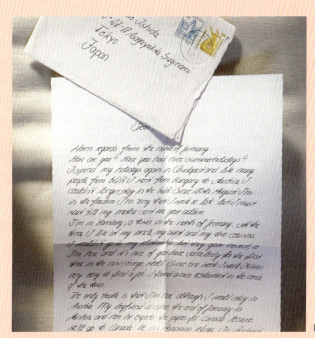

Letter from Antje Riehter

Bono(U2)　26 November 1989 Tokyo

その結果、民主化と旅行の自由化を求める東ドイツの民衆の声はさらに大きくなっていった。89年10月7日、東ドイツ建国40周年の式典が東ベルリンで開催された。そこでエーリヒ・ホーネッカー国家評議会議長は、いつものように社会主義の優位性を説く演説を行なった。「常に前へ、後退はありえない（Vorwärts immer, rückwärts nimmer !）」。しかし来賓として招かれていたソビエト連邦のゴルバチョフ書記長は、このように発言した。「東ドイツの同志の皆さんが理解するべきことがある。世界が変化していることを認識せねばなりません」。ペレストロイカとグラスノスチを推進していたゴルバチョフは、ホーネッカーを見限る態度を示したのである。東ドイツ第2の都市、ライブツィヒでは毎週月曜日にデモが行なわれていた。ベルリンの壁が崩壊へと向かう大きな力になった"月曜デモ"である。参加者が急激に増えて、10月9日の月曜デモには7万人、10月16日には西ドイツのDPA通信の推定によれば10万人が集まった。東ベルリンでもこの日、プレンツラウアー・ベルクにあるゲッセマネ教会に3000人集まって、礼拝の後に集会を開いた。政府は民衆を弾圧して抑え込む力を失い、10月17日に、ドイツ社会主義統一党の政治局会議で、ホーネッカーはすべての役職から解任された。11月4日には東ベルリン、アレクサンダー広場（Alexanderplatz）で大規模なデモが開催された。参加者は東ドイツ国営通信（Allgemeiner Deutscher Nachrichtendienst）によれば50万人、AP通信など西側報道機関によると約100万人に達したという。当時の東ドイツの人口は1600万人だったので想像を絶する人数である。89年11月9日の夕方、ドイツ社会主義統一党（SED）政治局員でスポークスマンだったギュンター・シャボフスキー（Günter Schabowski）が、テレビ中継されていた生放送の記者会見で、決議されたばかりの外国への旅行の自由化に関する政令を、勘違いから「ベルリンの壁を含めて、すべての国境通過点から出国が認められる」と発表してしまう。テレビでこの記者会見を見ていた東ベルリン市民が、11月9日の夜、東西ベルリンの境界にあった検問所に続々と集まってきて「ゲートを開け」と騒ぎ始めた。そして午後11時30分、ボルンホルマー通り（Bornholmer Straße）のゲートの責任者だった国境警備隊員、ハラルト・イエーガー（Harald Jaeger）が「もう持ちこたえられない、すべて開けてしまおう（Wir fluten jetzt, wir machen alles auf）」と言ってゲートの赤と白の遮断機を上げた。それが発端となり、未明までにチェックポイント・チャーリーを含むゲートが次々と開放され、東ベルリン市民がぞろぞろと西ベルリンに入って行き、ベルリンの壁は崩壊したのだった。

　ベルリンの壁が築かれて以来、壁を越えて亡命しようとして命を落とした人は、少なくとも136人（09年8月に公表された公式見解。192人とか、239人という説もある。他の東西国境地帯から西ドイツに逃亡しようとして殺された市民を含めた犠牲者の総数は588人）。壁を越えようとして射殺された最後の犠牲者が出たのは89年2月6日。20歳の青年だった。この時点ではまだ、東西冷戦によってもたらされた屈強な壁が崩壊するとは思いもよらなかったわけである。

ビロード革命
Velvet Revolution

　それからはドミノ倒し的に事態が進行していった。チェコスロバキアのプラハでは、11月17日に5万人規模のデモが起こった。この日から状況が刻々と推移していく。11月19日に、ヴァーツラフ・ハヴェルを含む民主化運動のグループが、市民フォーラム（Občanské fórum）を結成。連日10万人規模のデモが起こるようになって、11月24日には、ヴァーツラフ広場に集まった群衆を前にしたバルコニーに、プラハの春の立役者で老齢に達したアレクサンデル・ドプチェクらが姿を現わして健在ぶりをアピールした。この日の夜、守旧派のミロシュ・ヤケシュ共産党第一書記が辞任してビロード革命の成功が決定的になった。

　その翌日、89年11月25日に、ぼくは東京ドームで"ラヴ・カムズ・トゥ・タウン・ツアー"と題されたU2のライヴを見た。ゲストにB.B.キングを迎えたライヴで、『ヨシュア・トゥリー』（87年）、『魂の叫び』（88年）とリリースして、アメリカ音楽を探訪していた時代のU2を締めくくるに相応しい壮大なものだった。その後、90年代のU2は大きな変貌を遂げるのだが、この日のライヴの最中にそれを予感させるシーンがあった。ヴォーカルのボノが、本編最後の曲〈Love Rescue Me〉のイントロに乗せて言った。「ロックンロールは事態を変えることはできない。人々は事態を変えることができる。僕たちはこの歌を、東ベルリン、チェコスロバキア、鉄のカーテンの後ろにいる人びとに捧げます。彼らは暴力なしで変革を成し遂げた。僕たちの音楽はこのような人々の側にある。次の曲を北京の広場を埋めつくした中国の人々に捧げます」「チェコスロバキア」のところに特に力を込めていた。ボノは宿泊していたホテルオークラ東京の部屋で、ヴァーツラフ広場に集まった群衆や、ミロシュ・ヤケシュ共産党第一書記が辞任した様子などを伝えるテレビのニュースを食い入るように見ていたに違いない。ボノが、ホテルオークラ東京に宿泊していると知ったのは、たまたま友人（音楽業界の人ではない）が、ホテルオークラ東京でボノを見かけたよと教えてくれたからだった。翌日、11月26日も東京ドームで公演があるので午後2時半とか3時にホテルを出るだろう。その前にカフェでコーヒーを飲んだりするだろうと予想した。ぼくは2時前に、ホテルオークラ東京のカフェに行き、コーヒーを飲んでいた。すると、ボノたちがカフェにやってきた。ぼくは彼らのテーブルに近づき、挨拶をして「昨夜のライヴを見ました。素晴らしかったです。写真を撮っても良いですか」と尋ねた。するとボノは「ありがとう。写真はここではなく、ホテルを出るときにしてね」と言った。ホテルの出口に行くとコンパクトカメラを持った若い女性が数人待っていた。ぼくも彼女たちに混じってストロボを乗せた6×6判のカメラをぶら下げて待ち、出てきたところを撮らせてもらった。

Istanbul, Sofia, Budapest, București, Praha, Ost- und West-Ber

IV

1989年12月22日

Istanbul

　12月22日の午後、アエロフロート機はイスタンブール（Istanbul）に近づいていた。窓に額をくっつけると、眼下にはものすごく固そうに見える雲が敷き詰められていた。ゆっくりと高度を落としていき、その雲の中に突っ込んで、下に抜けたと思ったら、あっという間に滑走路に着陸した。その後の飛行機の発着はすべて中止になったので滑り込みセーフだった。空港からバスに乗り、イスタンブール旧市街、アクサライ地区で降りた。そのころにはすっかり暗くなっていたが、難なくホテルを決めることができた。ツインで1泊25000リラ（約1600円）。ぼくと妻のふたり旅である。さっそく夜の街へと繰り出す。大勢の人が路上を行き来していた。シシケバブとトマトの乗ったプレートを食べた後、そぞろ歩きをしていると、にぎやかな音楽が聞こえてくる民謡酒場があった。何やら怪しげなことを言ってくる客引きがいたが、ぶらりと入ってみる。案内されてテーブルにつき、ほとんどの人が飲んでいるラクという酒を1杯ずつ注文した。奥の方で、あぐらをかいて座っている太った男性歌手が、サズ（ブズーキ）の演奏にあわせて歌っている。酔っぱらった客が踊りながら歌手に近づいて行き、胸元にお札を突っ込んでいた。テーブルにラクと水のグラスが運ばれてきて、トントンとふたつ並べて置かれた。どちらも無色透明な液体だが、ラクに水を混ぜるとカルピスのように白くなる。それをチビリチビリと飲みながら店の中を見渡した。客はどう見ても地元の庶民ばかり。高い店という感じではないが、何となく不穏な気配を感じた。念のため、隣で楽しそうに手拍子をとっているおじさんに、ラクを指さして「これ、いくら？」と聞くと、普通に安い値段を言っていた。30分ほど様子を眺めたあと、店員を呼んで会計を頼んだ。すると案の定、異常に高い値段を書いた紙を持ってきたので、隣の人から聞いていた値段を言って大騒ぎした。その結果なんとか本来の値段で切り抜けることができたが、ちょっと苦い旅の始まりとなった。

1989年12月23日

Istanbul

　翌日はまず、ブルガリアのトランジット・ビザを申請するためにブルガリア領事館に行った。中1日で取得できるので、12月25日の夜行列車でブルガリアの首都ソフィア（Sofia）に向かうことにする。その間、イスタンブールの街をひたすら歩き回った。スルタンアフメト・モス

ク（ブルー・モスク）の中に入って礼拝している人々の姿を眺めたり、カパルチャルシュ（グランド・バザール）でオスマン帝国時代の物だという銀の丸い小箱を買ったり、ガラタ橋の道路の下層にくっついている食堂でバルク・エキメッキ（鯖サンド）を食べたりした。ガラタ橋はイスタンブールの旧市街と新市街を分ける金角湾に架かっている橋だ。94年に架け替えられてから道路の下層の食堂は綺麗なレストランに変貌したが、この時はまだ、場末の大衆食堂といった趣で風情があった。ガラタ橋の新市街側のカラキョイ駅から19世紀に開業したテュネル（地下を走るケーブルカー）に乗って、上の駅ベイオールに行き、近くにあったアルメニア人の店主が営む小さなレコード屋に入った。60年代から70年代にかけてドイツのトルコ人コミュニティで成功を収めた女性歌手、ユクセル・オズカサプ（Yüksel Özkasap）の『Gönül Defteri』（82年）や、バッド・カンパニーのポスターなどが飾ってあった。フェリーに乗ってボスポラス海峡を渡り、アジア側の街、ユスキュダル（Üsküdar）にも行ってみた。江利チエミが歌った〈ウスクダラ〉（54年）はここのことだ。街のあちこちに靴磨きの少年がいて、スニーカーで歩いているのに、しょっちゅう声をかけられた。道ばたに体重計を置いて、その前で長いマフラーをゆらゆら揺すっていた体重量り屋のおじさんとか、公園のベンチに座っていた魔法使いのような風貌のおばさんとか、ジプシー（ロマ）らしい人を見かけた。ぼくはニコニコしながらカメラを構えようとする（写真撮ってもいいですか？　←のつもり）。相手もニコニコしている（ああ、撮ってもいいよ。←たぶん）という感じでシャッターを切った。旧市街の路上で熊を連れた男たちに出会ったので、写真を撮らせてもらった。そして少しのお金を払った。お金の支払いは向こうから要求されたが、民謡酒場のときのように高額を請求されたわけではない。彼らがジプシーの熊使いだということは漠然と知っていた。しかしはっきり認識したのは、トニー・ガトリフ（Tony Gatlif）監督の映画『ラッチョ・ドローム（Latcho Drom）』（93年。日本公開は01年）を見たときである。熊使いはウルサリ（Ursari）というジプシーの伝統的な仕事のひとつであり文化なのだった。イスタンブールには、スルクレ（Sulukule）地区にジプシー居住区があり、独自の文化が伝えられていたのだ。ところが90年代半ばに、イスタンブールのウルサリ文化はWSPA（世界動物保護協会 World Society for the Protection of Animals）の強引な介入によって根絶させられ、08年には、都市の再開発事業のためという名目でスルクレのジプシー居住区は取り壊されてしまった。熊使いが街を歩いていく光景は、今となっては夢のようだ。

Ursari

1989年12月26日

Sofia

　12月25日、イスタンブール、シルケジ駅を18時15分に発車する夜行列車のクシェット（寝台車）に乗った。深夜24時ごろ国境を越えてブルガリアに入り、26日の朝8時前にソフィアに到着した。雰囲気はがらっと変わり、街は冬の東欧独特の淡い光に包まれている。2両連結のトラム（路面電車）がパンタグラフから青白い光をスパークさせて走っていく。猫の毛皮を繋ぎ合わせたコートを着ている婦人を見かけた。レーニン広場のそばに小さな移動遊園地ができていて、子供たちが遊んでいる。共産圏特有の整然とした建物のまわりに笑い声が響いていた。雑踏を歩いているぼくのすぐ横を、いつのまにかジプシーのような風貌の男が平行して歩いていた。彼は小声で囁いた。「チェンジ・ダラー？」闇両替の誘いである。自国通貨の弱い東欧では闇両替が公然化していた。ブルガリアの通貨はレバ。当時、公定レートは1USドルが約2レバだったが、闇両替の相場は1USドルが7レバだった。相場どおりのレートを示した彼と、5USドルだけ両替することにした。これで1日分の生活費になる。彼としばらく並んで歩き、建物の窪みで取引することになった。まず、ぼくが5ドル札を見せる。いつでも闇両替できるように、5ドル札をポケットに入れていたのだ。次に彼がブルガリアの通貨、レバ紙幣を数える。騙されないように、ぼくは彼の手元を凝視していた。そして交換。しかし交換した直後に彼はぼくにドル札を返し、レバ紙幣を奪い取った。その間わずか0.5秒。びっくりして彼の顔を見たら、ちょっと悲しそうな眼をしているように思えた。「ポリス。ゴー」彼はそう言うと、足早に雑踏に消えていった。ぼくもあわててドル札をポケットに戻して、彼とは逆の方向に歩いた。警察がどこかで見ていることを察知して、急遽取引をやめたのだろうと思った。ところがそうではなかったのだ。しばらく歩いてから返されたはずの5ドル札を広げて見たら、1ドル札に化けていた。闇両替詐欺の手口にまんまと引っかかったと気づいたときはすでに後の祭りだった。でもそのあまりにも見事な手口を思い出すと、差額の4ドルは手品の見物代としては安いぐらいだと思えてきた。レコード屋の前を通りかかったら、フィリップ・クーテフ・ブルガリア国立合唱団（The Philip Koutev National Folk Ensemble）のレコードがショーウインドウのガラス越しに飾ってあるのが見えた。ブルガリアの合唱団の音楽は当時、日本でも、ブルガリアン・ヴォイス、あるいはブルガリアン・ポリフォニーと呼ばれて流行していた。でもこのブルガリア盤レコードのジャケットは、日本で見慣れていたブルガリアの合唱団の瀟洒な雰囲気のCDとはかなり異なる面持ちだった。合唱団の前でフィリップ・クーテフが拍手しているセピア色の煤けた写真を使い、上下にグリーンの帯を入れてあるいかにも共産圏っぽい構成主義のようなデザインで、タイトルはブルガリア語のキリル文字で『Изпълнения На Държавния Ансамбъл За Народни Песни И Танци』と、英語の『Performances By The State Ensemble For Folk Songs And Dances』が並記してある。そのローカルな味わいに惹かれて購入した。レコード・ジャケットの裏側には、ブルガリア語と英語でびっしりと解説が書いてあった。「51年に結成されて以来18年間」という記述があるから、69年にリリースされた盤だろうか。結成以来2000回以上の公演をしていて20か国以上に行き、63年10月7日の『The New York Times』で「オルフェウスは今、ブルガリアで生まれている。それは神話ではない。娘たちがそこで今なお歌っている」と賞賛されたとある。ブルガリアン・ヴォイス、あるいはブルガリアン・ポリフォニーと呼ばれた音楽は、イギリスのレコード・レーベル、4ADが86年に『Le Mystère Des Voix Bulgares Vol.1』というタイトルで売り出したことで人気が出たため、バブルの時代に流行したワールド・ミュージックのひとつという印象が強かったので、このレコードを手にしたときの感触は新鮮だった。このレコードにソリストとしてクレジットされていたナダカ・カラジョヴァが、91年12月にビスロフ・シスターズ＆ナダカ・カラジョヴァ（Bisserov Sisters and Nadka Karadjova）として来日公演を行なったとき撮影した。ブルガリアン・ヴォイスなどという癒やし系みたいな呼び名ではなく、ごつい音感の名前がカッコ良いと思った。映画館の看板に、マイケル・ジャクソンの顔が大きく描かれていた。その絵柄から公開されているのは『ムーンウォーカー』（88年）だと判ったが、添えられている文章はキリル文字で読むことすらできない。ちょっと薄暗い、いかにも東欧っぽい雰囲気のレストランに入った。しかし出てきたトマト味のシチューにはトルコ料理に通じる快活さがあった。政治状況に左右される文化は境界を越えるとガクッと変わるが、食べ物など生活に根ざした文化はグラデーションを描くように変化していくのだろう。

　レストランにはテレビがあり、ルーマニア情勢を伝えるニュースが流れていた。この旅行を始める直前、89年12月16日に、ルーマニア西部の街ティミショアラで大規模な抗議運動が起こり、数多くの民衆が虐殺されたと伝えられていた。ぼくはそのニュースを日本のテレビで見ていたが、イスタンブールに滞在している間は続報を見損なっていた。テレビにはまず、首都ブカレストにある共産党本

部のバルコニーでニコラエ・チャウシェスクが演説している姿が映し出された。 そこにまもなく騒然とした群衆の声が被さってくる。 チャウシェスクは絶句して群衆を見渡す。 その表情は明らかに狼狽している。 これは12月21日の映像だった。 ティミショアラでの民衆蜂起からわずか5日後、 首都ブカレストで革命が始まっていた。 続いて場面が替わり、 チャウシェスクが乗っているヘリコプターが共産党本部の屋上から飛び立ち、 逃亡していくところが映し出された。 これは翌12月22日の映像である。 ソフィアのレストランのテレビでこの映像を見たとき、 それが24年間続いたニコラエ・チャウシェスク独裁政権の崩壊の瞬間を捉えたものだということを正確に理解できたわけではない。 騒然とした群衆のざわめきの中に独裁者打倒という意味の叫び声が混じっていたとか、 ルーマニアでは群衆の中で秘密警察 (セクリターテ) が常に監視しているためこのような事態になるのは初めてだったということは後日知った。 チャウシェスクが逃亡した直後、 12月22日から24日にかけての3日間、 つまりぼくがイスタンブールに滞在していた間に、 ブカレスト市内で激しい銃撃戦が起こって多数の死傷者が出たのだが、 このときはまだ詳細は判らなかった。 それでも、 尋常ではない大変なことが起こっているということは、 ニュース映像からひしひしと伝わってきた。 ぼくは新宿の紀伊國屋書店で買って持ってきたトーマス・クックの時刻表 『European Timetable』 を開いて見た。 すると、 ソフィアを21時20分に出発して、 翌朝、 ルーマニアのブカレストに着く夜行列車があることが判った。 この列車に乗ってブカレストに行ったらどうなるだろうかと考えた。 チャウシェスク時代のルーマニアは、 意外にも国境で簡単にビザを取れて入国できることになっていた。 このままルーマニアに行けば歴史的現場を目撃できるかもしれない。 そう考え出すと心が揺れた。 この日のうちに第三国に出国しなくてはならないという事情もある。 ブルガリアの滞在ビザを取るには東ドイツと同じくバウチャーが必要だったので、 簡単に取れるトランジット・ビザで入国したからだ。 しかし結局、 ブカレスト行きの列車には乗らずに、 ソフィアを22時35分に出発して、 ユーゴスラビア社会主義連邦共和国をコトコト走り抜けて、 ハンガリーの首都ブダペスト (Budapest) へと向かう列車に乗った。

1989年12月27日
Yugoslavia

日付が替わった深夜、 12月27日にユーゴスラビアに入国。 事前にビザを取る必要はなく、 列車内で問題なくパスポートに入国スタンプを押してもらえた。 ユーゴスラビアといえば、 ヨシップ・ブロズ・チトー (Josip Броз Тито) によって束ねられていた連邦国家というイメージが強かった。 第二次世界大戦中、 ユーゴスラビア共産党によって組織されたパルチザンの総司令官だったチトーは、 終身大統領として80年に亡くなるまでユーゴスラビアの指導者として君臨していた。 東西冷戦の終結後、 ユーゴスラビアは民族主義が台頭してきて紛争が相次ぐようになって分裂したが、 89年12月の時点では、 ひとつの国としてまとまっていた。

朝7時前に首都ベオグラード (現在はセルビアの首都) に滑り込む。 ベオグラードは由緒あるヨーロッパの古都だが、 車窓から見えた郊外の団地は、 いかにも社会主義国的な無骨なデザインだった。 ベオグラードを出発してからずっと車窓の風景を眺めていた。 コンパートメントの向かい側にはブルガリアの民族衣装を着たおばちゃんがふたり座ってグーグー鼾をかいていた。 国境を越えてハンガリー領に入るところで、 パスポートにユーゴスラビアの出国スタンプが押され、 日本で取得したハンガリーのビザのページに入国スタンプが押された。

1989年12月27日
Budapest

12月27日、 午後2時30分。 列車は1時間遅れで、 ハンガリーの首都、 ブダペスト東駅 (Budapest Keleti pályaudvar) に到着。 ヨーロッパによくあるタイプの美しいドームに包まれた行き止まり方式の駅である。 まずは両替と宿探し。 大きなバックパックを背負ったまま駅構内をウロつき、 それっぽい人に目で合図を送る。 すると向こうのほうから話しかけてくる。 「チェンジ・ダラー?」 闇両替屋である。 この時代の東欧の国では、 闇ドルのレートが、 銀行で両替するときの公定レートに比べて数倍になるのが普通だった。 闇両替屋との駆け引きは、 その国を知る初めの一歩でもある。 しかし数人の闇両替屋をあたってみたが、 東欧にしては率の悪い答えしか返ってこなかった。 それはハンガリーの経済が強くて、 通貨フォリントに価値があるということを意味している。 公定レートは1USドルが約60フォリントだったが、 闇レートの相場は90フォリントほどだった。 次は宿探し。 ブダペスト東駅の駅前で声をかけてきた客引きのおじさんの民宿に行ってみることにした。 一緒に67番のトラムに乗り、 終点の停留所、 ラーコシュパタク・ウティカ (Rákospatak utca) まで行って、 降りてから少し歩く (この路線は97年に廃止された)。 そこは閑静な住宅地にある庭つき一戸建ての家だった。 ゲスト用の部屋がひと部屋だけあり、 専用のバス、 トイレ、 キッチンが付いていた。 1泊700フォリント (約

Nadka Karadjova, Bisserov Sisters   8 December 1991 Tokyo

Sebestyén Márta

1200円）。 広くて綺麗で快適そうな部屋に巡り合えた。

　翌朝、まずはトラムでブダペスト東駅まで出て、地下鉄でブダペスト西駅（Budapest Nyugati pályaudvar）に行く。ブダペスト西駅の駅前広場は当時、マルクス広場（Marx tér）と呼ばれていた。 同じ場所が戦時中はベルリン広場（Berlini tér）と呼ばれ、冷戦終結後の92年からは西広場（Nyugati tér）と呼ばれるようになった。 公衆電話から、シェベシュチェーン・マールタ（Sebestyén Márta）に電話をかけた。 電話番号は、当時、彼女の日本盤CDを出したレーベル、アルファ・エンタープライズに教えてもらっていた。 それは突然の電話だったが、運良く本人と話すことができて、翌日に会ってもらえることになった。

1989年12月29日

Budapest

　12月29日の昼前、ぼくらは指定されたホテル、アストリアのロビーでシェベシュチェーン・マールタを待っていた。 アストリアはブダペスト中心部に建つ歴史ある高級ホテルで、中を歩いているのはトレンチコートに中折れ帽の紳士が多い。 そこにいかにも場違いなバックパッカーふうの格好のぼくたちがロビーの椅子に座っていると、約束の時間、12時きっかりに、グレーのコートに赤いマフラーが鮮やかなシェベシュチェーン・マールタが現われたのである。「歩きましょう」と、マールタは言った。 繁華街を足早に歩き、高級ブティックが並ぶヴァーツィ通りを横切った。「ここは東京なら銀座通りね」と、マールタは言った。 何かの博覧会にダンサーのひとりとして招待され日本へ行ったことがあるらしい。 ハンガリー人としてはめずらしく流ちょうな英語を話す。 ドナウ川に沿って走るトラムにひと区間だけ乗り、ブダの王宮に通じる鎖橋のたもとで降りた。 まずはフォト・セッションである。 冬の東欧特有の、淡い乳白色の陽ざしに包まれた美しい午後だった。 鎖橋にたたずむマールタを、ぼくは夢中で撮り続けた。 モデル、光線、背後の風景、すべてが美しかった。 50mmを装着したマミヤ6で全身の写真を撮り、テッサー75mmに接写用のローライナーを装着したローライ・フレックスでアップの写真を撮った。 50枚ぐらい写真を撮ったが、その間、人通りはなかった。 それからデアーク・フェレンツ広場に近い、国営レーベル、フンガロトン（Hungaroton）の直営レコード店まで歩いた。 マールタは、トランシルヴァニアのカロタセグ（Kalotaszegi）地方出身のヴァイオリン奏者、フォドール・シャンドール（Fodor Sándor "Netti"）のソロ作『Kalotaszegi Népzene』というCDを1枚だけ手に取って薦めた。 ム

ジカーシュのメンバーにサポートされて録音されたもので、ダンサブルな曲からちょっとメランコリックな気分になるメロディアスな曲まで伝統的な音楽を奏でたインストゥルメンタル集だった。 そのあと近くのエスプレッソ（喫茶店）に入って、ケーキを食べながら歓談した。 ブダペストでもルーマニア情勢が連日トップ・ニュースだった。 12月22日から24日にかけての銃撃戦で多数の市民が犠牲になったこと、12月25日にチャウシェスクが処刑されたことが大々的に報道されていて、まさに革命直後という雰囲気が伝わってきていた。 マールタの関心もほとんどそっちに向いていた。 ルーマニアには友達がたくさんいるとのことで、自分のことのように歓喜していた。 ひとしきり話をしたら、マールタは、「もう行かなくてはなりません。 明日、ルーマニアに行くから、準備があるのです」と言った。 それがコンサートならすかさず同行取材をお願いするところだが、革命に沸く友人を訪ねるプライベートな旅行だという。 そして、「あなたが知りたい音楽のことは、ここへ行けば誰かが教えてくれるでしょう。 私の友達もたくさん行くはずです」と言って、手帳にニュー・イヤーズ・イヴに行なわれるパーティ、タンツハーズ（Táncház）の場所を書いてくれた。 エスプレッソを出ると、雑踏にまぎれていくマールタの後ろ姿は、あっという間に見えなくなった。

　ブダペストは、漁夫の砦（Halászbástya）から眺めた風景が美しい。 ドナウ川に架かっている鎖橋、聖イシュトヴァーン大聖堂、ゴシック・リヴァイヴァル建築の国会議事堂などが対岸に見える。 このときは国会議事堂のてっぺんに赤い星がついていたが数か月後に取り外された。 ハンガリーは東欧で最も開けた国である。 ソフィアからブダペストに着くと、急に物が豊かになって驚く。 ブルガリアでは何を買うにも行列していたのに、ブダペストでは金さえ払えば何でも手に入る感じだ。 ローリング・ストーンズの『スティール・ホイールズ』（89年）にはハンガリー盤があったし、『プレイボーイ』誌にもハンガリー版があった。 少年たちは、自動販売機のコーナーにたむろして、ローラー・スケートをやったりしていた。 経済が強ければ外国人が集まってくる。 ブダペストでは、モンゴル人、ベトナム人、キューバ人、スーダン人、アンゴラ人などに会った。 ぼくはアジア系の人や黒人を見かけると、どこの国からやってきたのか尋ねたが、あまり会ったことのない国の人が多かった。 ブルガリア人があからさまに差別されている場面に出くわしたこともある。 西欧の都市でしばしば目にするような風景がブダペストでも見られた。 ただ人種が違う。 国籍が違う。 合わせ鏡のように、

057

View from Halászbástya, Budapest

東欧にも格差がもたらす移民社会の軋轢が存在しているようだった。「Punk's Not Dead」とか「LL Cool J」と書いてある落書きもあった。ブダペストの若者たちにいちばん人気がある音楽はロックで、80年代にブダペストでコンサートを行なったザ・キュアーやデペッシュ・モードは特に人気が高い。デペッシュ・モードは、85年7月23日にブダペストの「Volan Stadium」で、88年3月9日と10日にブダペストの「Sportcsarnok」でコンサートを行なっている。いずれもかなり大きな会場だ。85年のコンサートを、ハンガリーのWeb媒体『Recorder』が2013年に検証した記事があった。ハンガリー語で書かれているのでグーグル翻訳で読んでみると、ポーランド人と東ドイツ人もたくさん見に来ていたこと、ハンガリー社会主義労働者党は黙認していたことなどが書いてある。東ドイツ人のファンからデペッシュ・モード宛ての手紙がたくさん来ていて、デペッシュ・モードも東ドイツでコンサートを行なうことを希望していたが、政治的に危険であるとの理由で許可されなかったとある。当時ティーンエイジャーでコンサートに行った人の証言がいくつか書かれているが、両親はこういう音楽を軽蔑していたとか、ロックという若者文化がやってきたとき親の世代とちょっとした対立が生まれる感じが世界共通だと思ったりもした。ぼくは88年4月20日に、東京のホテルニューオータニ本館でデペッシュ・モードの中心人物、マーティン・ゴアを撮影していた。そのときはまったく意識しなかったが、デペッシュ・モードはこの1か月ほど前にブダペストでコンサートを行なっていたのだった。デペッシュ・モードの『コンストラクション・タイム・アゲイン（Construction Time Again）』（83年）は、マーティン・ゴアが、アインシュテュルツェンデ・ノイバウテンのライヴに触発されて作ったアルバムであり、『サム・グレート・リウォード（Some Great Reward）』（84年）の収録曲〈People Are People〉は人種差別と暴力をテーマに扱った曲だった。街でもときおり、いかにもパンク／ニュー・ウェイヴっぽいファッションの人を見かけた。地元のロック・バンドのコンサートも盛んに行なわれていて、地下鉄の駅などによくポスターが張ってあった。日本に東京ロッカーズというシーンがあったように、ロックを演奏してハンガリー語で歌う独自のシーンがあったのだ。

1989年12月30日
Budapest

12月30日の夜、「ULTRA-AVANTGARDE PUNK」とポスターに書いてあったライヴに行こうとして会場を探していたら、革ジャンを着た細身のパンクスふうの若者と知

Martin Gore(Depeche Mode)　20 April 1988 Tokyo

F.O.System

り合った。すると彼が「ファック・オフ・システムっていう、スゲーカッコ良いバンドのライヴがあるんだ。そっちに行くから君たちも来る？」と、たぶん言った。実際はハンガリー語で言われたので「ファック・オフ・システム」という単語以外まったく判らなかったのだが、そう言ったと思ったので、ぼくたちはついていった。そこはキャパが700から800人くらいの「Club MM」という会場だった。けっこう広いラウンジが併設されていて、黒っぽいファッションの若者が大勢いた。この日は12月28日から30日まで行なわれている「Fest 89」というイヴェントの最終日で、トリにファック・オフ・システム（F.O.System）が出演することになっている。ワルシャワ条約機構に所属する政治体制の国、ハンガリーで、このような文化が息づいていることに驚いた。ファック・オフ・システムは、ラモーンズみたいなバンドでメチャクチャ盛り上がった。東欧というと素朴で古ぼけたイメージを抱きがちだが、ブダペストでは、パンク／ニュー・ウェイヴ的なライフ・スタイルをしっかり身につけている若者も少なくない。ファック・オフ・システムは、86年から91年まで活動して、いったん休止した後06年に復活して現在も活躍している。このようなシーンがある一方で、シェベシュチェーン・マールタとムジカーシュのようなフォーク・ミュージックを指向する音楽が存在していたのだ。

1989年12月31日
Budapest

12月31日、大晦日の夕方。ブダペストは街じゅうに爆竹が鳴り響き、紙吹雪が舞っていた。ボール紙を丸めて作ったラッパをプーブー吹きながら人々は雑踏を練り歩いていた。いつもクールにたたずんでいた闇両替屋まで子供のように浮かれていた。晩ご飯を食べようと思い、レストランを探したときはすでに手遅れだった。街の食堂から高級ホテルのレストランまですべて閉店していた。空腹をかかえて夜まで待ち、シェベシュチェーン・マールタに教えてもらったニュー・イヤーズ・イヴのパーティに向かった。そこはブダペスト3区、ミクロシュ広場（Miklós tér）に隣接した住宅地のなかにあるコミュニティ・センターのような場所で、学校の教室みたいな部屋が会場になっていた。片隅に机を積んだ特設ステージがあり、ヴァイオリン、コントラフィドル（ヴィオラ）、セロの編成からなるグループがフォーク・ミュージックを演奏して、みんな気持ちよさそうに踊っていた。ヴァイオリンとコントラフィドルはボディの面が垂直近くになるような独特の構え方である。曲によって「タッケー、タッケー、タッケーナー」と掛け声

061

Táncház

をかけて足を踏み鳴らしたり、グループごとに輪になってクルクル回ったりする。フォーク・ダンスなのに、じつにカッコ良い。伝統文化を保存するという堅苦しさはまったくなく、社交ダンスみたいにツンとしたところもない。ポップ・カルチャーとしてのフォーク・ダンスの現場がブダペストに実在していた。前夜のファック・オフ・システムとは別世界である。これがタンツハーズ（Táncház 英語だと「Dance House」）なのだ。ハンガリーでは70年代からタンツハーズ・ムーヴメントが起こってフォーク・ミュージックが見直されていた。第一次世界大戦終了後からルーマニア領になったトランシルヴァニア地方のハンガリー系住民、マジャール人の村に伝わる民謡を採取して再構築したハンガリアン・フォーク・ミュージックである。トランシルヴァニアのマジャール人は、ルーマニアではマイノリティーであり、チャウシェスク政権下で迫害されていた。生活の近代化が進まず、外国の文化はほとんど入ってこなかった。そのかわり、農夫が儀式で音楽を奏でるような古い習慣は受け継がれていた。ブダペストで生活しているシェベシュチェーン・マールタやムジカーシュのメンバーにとって、それは失われたルーツだったのである。トランシルヴァニア地方の村を訪ねて民謡を採取して、プロトタイプを尊重しつつ、アレンジを加えていった。タンツハーズ・ムーヴメントは、ローカルな音楽が意識的に発掘され、ブダペストという都市で洗練された新しい文化なのだった。

1990年1月1日
București

年が明けた90年1月1日の夜、ブダペスト東駅を21時に出発する夜行列車に乗ってルーマニアのブカレスト（București）に向かった。列車名は「オリエント・エキスプレス（Orient Express）」。前日の夜にパリを出発して、ストラスブール、シュトゥットガルト、ミュンヘン、ウィーンと経由して、ブダペストに到着した列車で、ここから終着駅、ブカレスト北駅（Gara București Nord）を目指してもう一晩走るのだ。ただしこの時代のオリエント・エキスプレスは、ワゴン・リ社製の客車を使った往年の豪華列車とは異なり、まったく普通の安い列車である。ルーマニアはこのとき、チャウシェスク大統領夫妻が処刑されてから7日めで混乱が続いていた。空港は閉鎖されているという情報を列車内で会ったNHKの記者だという日本人男性から聞いたが、鉄道は通常どおり走っていて簡単に入国できた。列車の乗客はまばらで、乗っていた車両は暖房がほとんど効いていなかった。深夜になると、寒さに耐えかねた乗客たちは少しでも暖かい他の車両へと移っていったが、ぼくらは寝袋に入っていたのでそのまま眠った。アラドからブラショフに向かう途中で夜が明けた。すると一面の銀世界である。冬のトランシルヴァニア地方の田舎の風景の美しさに見とれていた。

1990年1月2日
București

1月2日の昼過ぎ、ブカレスト北駅に到着。まずは駅の近くでいちばん安いセカンドクラスのホテル（Hotel Oltenia）に宿を決めた。ルーマニアのホテルはすべて国営で、デラックス、ファーストクラス、セカンドクラスとランクづけされている。バス、トイレ共同で、しかも夜中は暖房が切られ、持参した寝袋がなかったら凍死してしまいそうな部屋だったが、1泊400レイもした。当時1USドルは約145円。正規レートだと1USドルが約10レイ。闇両替だと1USドルが約60レイまでいった。正規両替だと1泊6000円近くだが、闇両替に基づく実勢レートだと1泊1000円弱という計算になる。さっそく街の中心部に出て、共産党本部、テレビ局、大学などが集まっている一帯を歩いた。12月22日から25日にかけての銃撃戦で多数の市民が犠牲になったところだ。市民を無差別に銃撃したのは、チャウシェスク派の秘密警察（セクリターテ）である。道路に積もった雪の上に空薬莢がバサッと落ちていた。共産党本部の前の革命広場（Piața Revoluției）には装甲車が並んでいた。国軍は24年間にわたって君臨していた独裁者ニコラエ・チャウシェスクから離反して、市民に銃口を向けることはなかった。共産党本部の中にはルーマニア救国戦線のイオン・イリエスク議長がいるはずだ。チャウシェスク時代のルーマニアの国旗は、青、黄、赤の3色が縦に並び、中央に共産党の紋章が描かれていたが、共産党本部の入口の上に掲げられていた国旗は、共産党の紋章の部分を丸くくり抜いてあった。それはチャウシェスク時代は終わったという主張である。街のあちこちでロウソクの炎が揺れ、花と十字架とイコンが供えられていた。まさにそこで、銃弾に倒れた人がいたのだった。「15歳の子供が3人死んだ場所（Aici au murit 3 copii de 15 ani）」と書いた紙が貼られた木箱の周りで、ロウソクの炎を囲んで遺族や友達と思われる人や通行人が興奮して何かを話していた。要所には市民による自警団が配置されていて、ものものしい警備体制が敷かれていた。地下鉄に乗るときも厳しいボディーチェックを受けなければならなかった。テロリスト（チャウシェスク派の残党のことを、人々はそう呼んでいた）を見つけ出そうとしていたのだ。ブカレストでいちばん高級なホテル、インターコンチネンタルにプレスセンターができていて、世界中から報道陣が集まっていた。チャウシェスクが処刑されてからすでに8日経っていたが、街はまだピリピリした雰囲気に包まれていた。そんななか、熊の毛皮を着て新年を祝う人々が街を練り歩いていた。ぼくらが宿泊していたホテ

Here 3 children of 15 years have died

Piața Revoluției

Candles were lit where the citizens were shot dead.

Lambada by Kaoma was played at a loud volume

ルには、ドラキュラの故郷で有名なブラショフから革命のために駆けつけた学生たちが詰めていた。どのように割り振られたのか判らないが、彼らが自警団の役割を果たしていた。ホテルに入る人に対して、リーダー格の女性がボディーチェックを行なう。申しわけなさそうに、しかし真剣に。街の食堂はまだ閉まったままで、ホットドッグを買うのに30メートルぐらい行列ができていた。

1990年1月3日
București

1月3日も街の中心部に出た。銃撃の跡や建物の一部が燃えた跡など革命の痕跡がすごい。要所は自警団が警備していたが、ピリピリした雰囲気は前日よりいくぶん和らいでいた。レコード屋が営業を再開していたので覗いてみる。輸入盤はまったく取り扱っていなくて、売っているのはすべて国営レーベル、エレクトレコード（Electrecord）のものだった。このときぼくが知っていたルーマニア音楽のミュージシャンは、ナイというパン・フルートを奏でるゲオルゲ・ザンフィル（Gheorghe Zamfir）ぐらいで、実際、巨匠っぽく扱われていた。しかし一般に人気があるのは歌ものの民謡で、マリア・チオバヌ（Maria Ciobanu）や、ソフィア・ヴィコヴィアンカ（Sofia Vicoveanca）などがよく売れているようだった。ジャケットを見るとふたりとも綺麗な女性だけど、独特のちょっと怒っているような感じの歌いかたをする。ヴァイオリン、ヴィオラ、クラリネット、アコーディオン、ツィンバロムなどからなるアンサンブル（オルケストラ）がバックを務めている。ハンガリーでは西欧のロックが普通に売られていたが、そういうものは一切なかった。ルーマニア人によるロック・バンドらしきレコードもない。西欧の文化は遮断するという国家の強い意志が窺えた。このときぼくはまったく気づかなかったのだが、特定の文化を遮断するもうひとつの重要な事実があった。ルーマニア国内の音楽でも、ジプシーの音楽はまったく取り扱っていなかったのである。この日の夕方、市民による自警団の警備が解かれた。チャウシェスク派の残党による抵抗は収まったという判断が大勢を占めたのだ。ルーマニアの議会が95年に出した結論によれば、89年12月16日から25日の間に起こった民主化運動で、計1104人が死亡したとのこと。このうちブカレストで亡くなったのは990人、ティミショアラでは73人、それ以外の場所が41人である。死者の多くは無差別に銃撃された市民だが、軍関係者が260人、秘密警察が65人亡くなったとされてもいる。ベルリンの壁の崩壊、チェコスロバキアのビロード革命と、ドミノ倒しのように連鎖した東欧の変革だが、

ルーマニア革命では多くの血が流れたのだった。晩ご飯は老舗の高級ホテル、リド（Lido）に食べに行き、ナイが前面に立つバンドが演奏して民族衣装を着た女性が歌う、いかにもルーマニアらしい音楽のライヴを見た。気がつけば、街の何か所かで、カオマ（Kaoma）の〈ランバダ（Chorando Se Foi (Lambada)）〉（89年）が流れだしてきた。ルーマニアのレコード屋では、西側の音楽はまったく売られていなかったが、ダビングにダビングを重ねた〈ランバダ〉のカセット・テープは密かに出回っていたのである。宿泊していたホテルでは、深夜になってもブラショフから駆けつけた学生たちがラジカセで〈ランバダ〉をかけて大騒ぎしていた。本当にこの1曲だけを、大音量で何度も何度も繰り返しかけていた。あまりにも大騒ぎしているので様子を見に行ったら、満面の笑みでピース・サインをかざしてきた。ブラジル出身者を含むフランスのグループ、カオマの〈ランバダ〉は、哀愁のあるメロディが印象的なポルトガル語の曲だが、じつはボリビアのフォルクローレのグループ、ロス・カルカス（Los Kjarkas）のスペイン語の曲〈泣きながら（Llorando se fue）〉（82年）を、無許可でカヴァーして自作曲ということにして売り出したものだった。完全に盗用で、後に裁判で決着している。ただし独自のアップテンポなリズムにアレンジして、ランバダ（Lambada）としたのはカオマのアイデアだった。ランバダとは、音楽とダンスのスタイルを示すもので、ブラジルのフォホー（Forró）、マシーシ（maxixe）、カリンボー（carimbó）などがミックスされたものとする見方がある。ブラジル北部、パラー州出身のピンドゥーカ（Pinduca）によって作られた音楽などが本来のランバダ（ランバーダ）といえるかもしれない。しかし「Lambada」で検索してもヒットするのはカオマから派生したものがほとんど。架空のワールド・ミュージックだったかのようである。それでも〈ランバダ〉は、イスタンブール、ソフィア、ブダペストでも、街のあちこちから聴こえていた。間違いなくこの時期の世界的大ヒット曲で、人々を惹きつける何かを内包している。ジャーマン・テクノのDJ、ウエストバム自伝『夜の力（Die Macht der Nacht）』（15年。邦訳本は16年）にも「意見の分かれる1曲だったが、ほとんどの人はこの曲が好きだ。バティックを腰に巻いてイビザのビーチでのんびり過ごして、キューバ・リブレを手にランバダを踊ったなあ」と書いてある。日本でも、ちょっとエッチなダンス・ミュージックとして〈ランバダ〉が流行した。しかしルーマニアでは、カオマの〈ランバダ〉は、ニコラエ・チャウシェスクの圧政から解放された民衆の歓喜を表わす曲として流れていたのだった。

IV.

Gara București Nord

1990年1月4日
Bucureşti

　1月4日。午前中、ハンガリー大使館に行き、その場で再入国のためのビザを取得した。それから、路上の犬とか、屋根にプロパンガスのボンベを乗せて走っているバスの写真を撮ったり、ピザを食べたり、帽子を買ったりした。ブカレスト北駅に子山羊を抱えた少年がいたので写真を撮った。すると「金をくれ」と言うので（言葉は通じないが、この台詞は通じる）、3レイ渡した。素朴な田舎の子供に見えたので、ちょっと意外な気がした。写真を撮ってお金を要求されたのは、イスタンブールの路上で熊使いを撮って以来だ。少年の素性は判らないが、コートの汚れ具合から、過酷な環境で生活するしかない状況にあるのだろうと思った。このときはまだ知らなかったが、チャウシェスクが処刑された直後から、ルーマニアの孤児とエイズの問題が顕在化するようになった。マンホールで暮らす孤児たちをセンセーショナルに取り上げるテレビもあり、その現場はブカレスト北駅の駅前の一帯だった。この少年は、マンホールで暮らす孤児たちとは雰囲気が異なる気もするが、とにかく無事大人になれているようにと願うばかりだ。

1990年1月6日
Praha

　1月4日の19時38分にブカレスト北駅を出発したオリエント・エキスプレスは、1月5日の昼にブダペスト東駅に到着。同日夜、ブダペスト西駅を20時25分に出発する夜行列車に乗り、1月6日の朝チェコスロバキアのプラハ本駅（Praha hlavní nádraží）に到着。チェコスロバキアのビザは東京で取得していた。まずは駅前で両替。正規レートだと1USドルが9コルナだが、闇両替で1USドルが40コルナになった。次は宿探し。チェドック（国営旅行社）の前で声をかけてきた客引きのおじさん、クラヤネク（Krajánek）の民宿を見に行くことにする。プラハ本駅には、朝6時台から7時台にかけて、ブダペスト、ベルリン、ワルシャワなどから相次いで夜行列車が到着するので、民宿の人が客引きに来ているのだ。地下鉄B線（Metro Linka B）に乗り、1年前に何度も乗り降りしたモスケスカ（Moskevská 現 Anděl）からさらに4つ先の駅、デュケルスカ（Dukelská 現 Nové Butovice）まで行った。そこはすっかり郊外で、プラハ旧市街とはまるで雰囲気が違う。建ち並んでいる団地の2LDKの部屋に案内された。ここにクラヤネク夫妻が住んでいる。リビング

にはテレビや電話があり、一部屋がゲスト用に空けてあった。中心部からはやや離れるが、清潔感のある部屋だし、言葉は片言の英語だがクラヤネク夫妻の実直そうな人柄も良い。朝食付き、ふたりで1泊175コルナ（約635円）と格安だった。プラハは、1年前は静かに押し黙っている街という印象だったが、がらりと変わって、街全体がうねるようにビロード革命に歓喜していた。ヴァーツラフ広場は、広場と名がついているけど幅が広い大通りのような空間だ。面している古い建物には、あちこちにチェコの国旗がたなびき「市民フォーラム（Občanské Fórum）」と書いてある横断幕が掲げられていた。ヴァーツラフ像の周りにはロウソクがたくさん灯されて、溶けたロウが石畳に抽象画を描いたようになっていた。大規模なデモが始まった日、89年11月17日から国が変わったというのが人々の共通認識になっていた。市民フォーラムの中心人物、ヴァーツラフ・ハヴェルは、12月29日にチェコスロバキアの大統領に就任していて、人々は希望に満ちていた。市民フォーラムの頭文字「OF」のマークのバッジをつけている人がたくさんいた。「OF」の「O」は、スマイリーフェイスみたいな顔のデザインになっている。フラド（Vlado Petrik）は、ガールフレンドだった女性と再婚して新しいアパートに引っ越していた。1年前に泊めてもらったアパートは、天井が高くて雰囲気があったけど、古くて風呂がなくてトイレは共同だった。新しいアパートは、シャワーとトイレもついているが、建物は特に風情があるわけではない。電話はなかったので住所を頼りにいきなり訪ねて行ったのだが、再会することができた。フラドは突然の来訪を喜んでくれた。言葉がほとんど通じないのでちょっともどかしいけど、楽しいひとときを過ごすことができた。1年前に何度も歩いたモスケスカに行った。時間が止まっていたかのようなモスケスカの街角にも市民フォーラムのポスターがいたるところに張ってあり、雰囲気は一変していた。

1990年1月7日
Praha

　1月7日は昼間に、東京で知り合った日本語を話せるチェコ人、サーシャ（Alexandr Rosen）とカフェ（Café Slavia）で再会した。このカフェのウエイトレスも、市民フォーラム「OF」のバッジをつけていた。サーシャは、ビロード革命が始まる前から「僕は秘密警察を恐れていない」と言っていた。秘密警察とは、1945年に内務省の中に作られ、68年のプラハの春を経て、69年にグスターフ・フサークが第一書記に就任して政治的引き締めが強

Lou Reed 26 July 1992 Tokyo

まった時代に活動が強化され、ビロード革命の後、90年に解体された国家保安部（Státní bezpečnost）のことだ。共産党政権に批判的な人を監視するために密告を推奨し、対象者とみなせば拷問を加えたり粛正することもあった。それでも恐れていなかったというのは、たとえば64年の東京オリンピック、68年のメキシコシティ・オリンピックで活躍した体操女子の選手で、プラハの春以後、チェコスロバキアの民主化運動を一貫して支持し続けたために厳しい時代を過ごしたが、生きぬいて、89年11月のビロード革命によって民主化が成し遂げられたとき表舞台に復活したベラ・チャスラフスカのように、一市民ながら信念を持って生きてきたということである。

1989年11月17日にプラハで始まった民主化運動を、「ビロード革命」と言う。英語だと「Velvet Revolution」。ではなぜ「Velvet」だったのか。劇作家のヴァーツラフ・ハヴェルは、65年に『Vyrozumění』という演劇の脚本を書いた。共産主義者に対する皮肉が込められたコメディだという。これが『The Memorandum』というタイトルで英訳され、ニューヨークの「ザ・パブリック・シアター」で上演されることになり、68年5月から6月にかけてハヴェルはニューヨークに滞在した。ハヴェルはそのとき、ヴェルヴェット・アンダーグラウンドのレコード『ホワイト・ライト／ホワイト・ヒート』（68年）を買った。ヴェルヴェット・アンダーグラウンドは、ヒッピーが好むサイケデリックな色彩とは対極にある黒い服を着て、モンタレー・ポップ・フェスティヴァル（67年）からウッドストック・フェスティヴァル（69年）へと至る時代のベトナム反戦というメッセージで繋がっていた若者文化の主流とは係わりを持とうとせずに、独自の内省的な世界を表現していた。そのためリアルタイムではほとんど売れなかった。ヴェルヴェット・アンダーグラウンドが顧みられるようになったのは、中心人物ルー・リードのソロ2作め、〈ワイルド・サイドを歩け（Walk on the Wild Side）〉を含む『トランスフォーマー』（72年）がヒットしてからで、68年の時点でヴェルヴェット・アンダーグラウンドのレコードを買うというのはかなりの慧眼だ。ハヴェルの帰国直後、68年8月20日にプラハにソ連が軍事介入する事件が起こり、チェコスロバキアの民主化は遠のいてしまう。アレクサンデル・ドプチェクは失脚し、69年にグスターフ・フサークが共産党第一書記に就任。政治的引き締めが強化され、弾圧を伴なう「正常化（Normalizace）」と呼ばれる状態になった。そんななか、ハヴェルが持ち帰った『ホワイト・ライト／ホワイト・ヒート』はカセットにダビングされて密かに出回ったのである。プラハの春の直後、68年にチェコスロバキアでザ・プラスティック・ピープル・オブ・

ザ・ユニヴァース（The Plastic People of the Universe）というバンドが活動を開始した。グループ名はフランク・ザッパの67年の曲〈Plastic People〉に由来しているが、90年4月にルー・リード自らがプラハで行なったヴァーツラフ・ハヴェルへのインタヴューによれば「かれらのスタイルはヴェルヴェット・アンダーグラウンドの影響をものすごく受けていました」（『ニューヨーク・ストーリー：ルー・リード詩集』）とのこと。ザ・プラスティック・ピープル・オブ・ザ・ユニヴァースの71年と77年のライヴ音源を収録した『Trouble Every Day』（02年）は、1曲だけカヴァーしたザッパの曲がタイトルになっているが、13曲中8曲がヴェルヴェット・アンダーグラウンドのカヴァーで、当時すでにスタジオ録音の4作品すべてを聴いていたことが判る。そのザ・プラスティック・ピープル・オブ・ザ・ユニヴァースのメンバーが、共産党政府によって76年に逮捕され、「組織的な平和の混乱」という理由で有罪判決を受けた。77年に、ヴァーツラフ・ハヴェルら反体制派知識人が政府の人権侵害を批判する「憲章77（Charta 77）」という文書を発表した。それは、ザ・プラスティック・ピープル・オブ・ザ・ユニヴァースの逮捕が動機になっていた。「憲章77」の発表は、68年のプラハの春から89年のビロード革命まで続く長い冬の時代に起こった一瞬の民主化運動であり、ベラ・チャスラフスカもこれに署名した。「ビロード革命」という言い方を誰が最初に使ったか判らないが、推進した市民フォーラムの中心人物で大統領に就任したヴァーツラフ・ハヴェルは「音楽、アングラミュージック、特にヴェルヴェット・アンダーグラウンドというバンドの1枚のレコードが我が国の発展の中で重要な役割を果たした」（同）と発言している。ヴェルヴェット・アンダーグラウンドの存在が影響して定着したことは間違いないだろう。ルー・リードとヴァーツラフ・ハヴェルは、90年4月にプラハで会って以来、アメリカの大統領がビル・クリントンだった98年9月に、ホワイトハウスで催されたハヴェル大統領（このときはチェコスロバキアの大統領ではなく、分離したチェコ共和国の大統領だった）のための晩餐会でルー・リードが演奏するなど交流が続いた。ぼくは92年7月26日、キャピトル東急ホテルのロビーでルー・リードを撮影した。

1月7日の夜は、ヴァーツラフ広場の近くにあるルツェルナ宮殿（Palác Lucerna）で地元のバンドが何組か出るロック・フェスティヴァルがあったので見に行った。桟敷席がある素晴らしい会場だ。出演したバンドのひとつ、ペスタロッチ（Pestalozzi）というレゲエを取り入れた曲もやったロック・バンドがちょっとカッコ良かったので楽屋に話を聞きに行った。ペスタロッチというバンド名

は、スイスで孤児や貧民の子などの教育に従事した歴史上の人物の名前から取ったもので、メンバーは全員、本職は教師だという。ちょっと前までとは正反対のことを生徒に教えているのだと、嬉しそうに話してくれた。88年9月6日に、ハンガリーのブダペストで、アムネスティが主催したコンサート「Human Rights Now!」が開催された。会場はネープシュタディオン（Népstadionその後Puskás Ferenc Stadionと改名され2014年に閉鎖された）という競技場。81000人の観客が集まった。出演したのは、ブルース・スプリングスティーン、スティング、ピーター・ゲイブリエル、ユッスー・ンドゥール、トレイシー・チャップマン、地元ハンガリーから、ホーボー・ブルーズ・バンド（Hobo Blues Band）とブロディ・ヤノス（Bródy János）。88年9月8日の『The New York Times』に、ハンガリー首相、グロース・カーロイ（Grósz Károly）らも見に来たこと、ブルース・スプリングスティーンが〈Born in the U.S.A.〉を歌ったとき観客が大合唱したこと、ピーター・ゲイブリエルは、ニコラエ・チャウシェスクに向けて、ルーマニアのマジャール人（ハンガリー人）の権利を尊重するようにとハンガリー語でメッセージを発したことなどが書かれている。ペスタロッチのメンバーは、ブダペストまで「Human Rights Now!」を見に行って感動したと話してくれた。民主化される日が必ずやって来ると信じていたそうだ。ペスタロッチは現在も存続して活動している。アムネスティが主催したコンサート「Human Rights Now!」は、ハンガリーのブダペストで行なわれたのと同じ月、88年9月27日に東京ドームでも行なわれた。出演者にスティングがいなかったことと、恒例となっていた現地ミュージシャンの参加枠が竜童組になったという違いはあったが、ブルース・スプリングスティーン、ピーター・ゲイブリエル、ユッスー・ンドゥール、トレイシー・チャップマンはしっかり参加した。コンサートの前日に記者会見が行なわれた。背後に掲げられていた横断幕の「世界人権宣言」の文字が中国語の「世界人权宣言」となっていたが、これは主催者が間違って発注したから。88年の「Human Rights Now!」は世界15か国をツアーしたけど中国へは行っていない。ぼくは両日とも撮影で現場にいたのだが、当時はライヴ・エイド（85年）以後の優等生的なイヴェントだと受け止めていて、それでもついにユッスー・ンドゥールを見ることができて嬉しいぐらいの気持ちだった。でも今は、ブダペストでは、このコンサートが切実なメッセージとして伝わっただろうと想像できる。記者会見で、ブルース・スプリングスティーンはこのような発言をした。「子供のころ、ロックンロールを通して楽しみながら生きるということを学

宇崎竜童, Peter Gabriel, Tracy Chapman, Youssou N'Dour, Bruce Springsteen
Human Rights Now! 26 September 1988 Tokyo

Pestalozzi

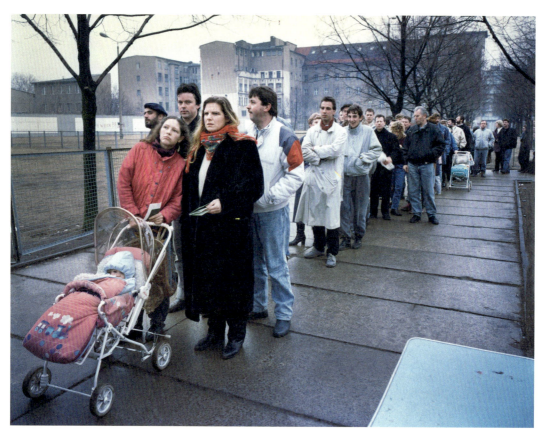

Brandenburger Tor

んだ。自由も学んだ。良いロックンロールは常に自由と高い意識とを求める。ロックンロールは人を三分の間自由にする。これを一日、一生の自由に変えよう」（『朝日新聞』88年10月1日）。おそらくブダペストでも同じようなことを話しただろう。ブダペストの「Human Rights Now!」には、ペスタロッチのようにチェコスロバキアから見に行った人や、東ドイツ、ポーランドから見に行った人もたくさんいたはずだ。東西冷戦下だった時代、鉄のカーテンの向こう側で音楽が彼らの気持ちの中に深く入り込んでいったに違いない。

1990年1月9日
Ost- und West-Berlin

プラハ・ホレショヴィツェ（Praha-Holešovice）駅から乗車した夜行列車は、90年1月9日の朝、東ベルリン、リヒテンベルク駅（Bahnhof Berlin-Lichtenberg）に到着した。ここでSバーン（高架鉄道）に乗り換えて、フリードリッヒシュトラーセ駅（Bahnhof Berlin Friedrichstraße）で西ベルリンへの入国手続き。ベルリンの壁の内側に入り、西ベルリンの中心部にあるツォー駅（Bahnhof Berlin Zoologischer Garten）に降り立った。まずはツォー駅に近い繁華街クーダムでホテルを見つけた。1泊60DM（西ドイツのマルク。1DMは80円）。西ベルリンでは安い部類のホテルだけど、プラハの民宿の8倍である。東欧を旅行してきたので物価の高さに平衡感覚を失う。ベルリンの壁が崩壊してちょうど2か月経っていたが、物理的にはまだほとんど壁が残っていた。外国人旅行者は、89年11月9日以前と同じ手続きを経て東ベルリンに行くシステムのままで、通過可能な国境は、フリードリッヒシュトラーセ駅とチェックポイント・チャーリーだけだった。ぼくらはさっそく、1年前と同じくフリードリッヒシュトラーセ駅でアイン・ターク（日帰りビザ）を取得して東側に行った（戻った）。通貨もまだ東ドイツのマルクが使われていた。ただし1年前は、闇両替の相場は1DMが5M（東ドイツのマルク）だったが、このときは1DMが3Mまで上がってきていた。90年7月1日に東ドイツのマルクは西ドイツのマルクと等価交換されたのだが、そうなることを見越して相場が推移していたのだろう。ドイツマルクはその後、99年1月1日にユーロが導入され、移行期間を経て役割を終えることになる。東ベルリン側に行ってみると、テレビ塔（Berliner Fernsehturm）のあたりの雰囲気は案外変わっていなかったが、ブランデンブルク門（Brandenburger Tor）から共和国宮殿（Palast der Republik）にかけてのウンター・デン・リンデン（Unter

den Linden）界隈は、世界中から壁見物に来た観光客であふれていた。東ベルリン側からブランデンブルク門を見ると、門の上にあるクアドリガ（四頭馬車）と女神ヴィクトリアの彫像がこちら側を向いている。そして門の向こう側に壁が見えた。ブランデンブルク門は、18世紀に建てられてベルリンのシンボルとされてきたが、壁ができてからは帯状のスペースの中に取り残されていた。壁越しに見ることはできたが、西ベルリン側からも東ベルリン側からも近づくことは許されなかった。そこに東ベルリン側から観光客でも行けるようになっていたのだ。ブランデンブルク門の横にできたゲートから西ベルリンに出国しようとしている東ドイツ市民が長い行列を作っていた。壁崩壊直後のような熱狂はすでに見られないが、確実に出国できるので皆整然と並んでいる。ほとんどの人は、西ベルリンの様子を見たり、ウィンドウショッピングだけで、日帰りで東ベルリンに戻ってくる。もう財産を捨ててまで慌てて亡命する必要はないし、東西ドイツは統合するだろうと思っているのだ。ブランデンブルク門の横からポツダム広場の方を見ると、広大な帯状のスペースがあった。その先の遠くに立ち並んでいる建物のあたりは西ベルリン、クロイツベルク（Kreuzberg）地区だ。89年11月9日以前は絶対に入り込めなかったポジションからの眺めである。ベルリンの壁の西ベルリン側の面を表側と言うとすれば、ここから見えるのは壁の裏側だ。ヴィム・ヴェンダース監督の映画『ベルリン・天使の詩（Der Himmel über Berlin）』（87年）で、ブルーノ・ガンツが演じる天使、ダミエルが人間になる瞬間が描かれたのは、壁に挟まれた帯状のスペースでのことだった。この映画はほとんどロケで撮影されたが、そのシーンは大がかりなセットを作って撮影していた。いちおう東ドイツ政府に実地での撮影の申請を出したというが、許可が下りるはずなどなかった。西ベルリン側の壁に近い方の帯状のスペースに、レトロなミニバスが停車していた。東ドイツ製のローブル・バス（Robur Bus）だ。その近くで東ドイツの国境警備隊が8人、輪になって話をしていた。自動小銃は持っていない。もはや警備する意義がなくなったと思っているはず。緩い雰囲気である。酒瓶や紙テープのようなものが落ちているのは、このスペースで誰かが騒いでいた証だ。壁が一部壊されているが、これは西ベルリン側から誰かが壊したのだ。「ベルリンの壁の崩壊」とは、「89年11月9日の夜から、東ドイツ市民が西ベルリンを訪問できるようになったこと」である。当日は象徴的な表現として物理的に壁を壊した人がいたのだと思うが、この時期に壁を壊していたのは、観光客に売るお土産として、壁の破片を集めている人たちだった。

077

The Ost-Berlin side of Berliner Mauer. Look at Potsdamer Platz from Brandenburger Tor.

1990年1月10日
Kreuzberg

　1月10日、西ベルリン。クロイツベルク地区を歩いた。ベルリンの壁は、西ベルリン側の壁まで含めたすべての建造物を、東ドイツが国境線ぎりぎりの自国領土内に独自に建てたものだが、国境線ぎりぎりではなく、東ドイツの領土がベルリンの壁の西ベルリン側にはみ出た場所が1か所あった。それがクロイツベルクの壁際にあった三角地帯で、そこに勝手に掘っ立て小屋を建てた人がいた。アナキズムのシンボル「サークルA」と「黒旗」があって、「Anti-Fascist」と書いてある。これを咎めることができる政府はなく、治外法権のような状態になっていた。クロイツベルクは、ガストアルバイター（外国人労働者）として移民してきたトルコ人、あるいはトルコ系ドイツ人が多い街でもある。ドネルケバブを食べたのはイスタンブール以来だった。フィッシュ・フィレ（Fisch Filet）とチキン・シュニッツェル（hähnchen Schnitzel）が、それぞれ2マルク50ペニヒ（200円）と書いてある店があった。なぜかマネキン人形が置いてあるベランダの下の壁に、「サークルA」のマークが書かれているビルがあった。旅行先でレコード屋を見つけると、とりあえず入ってみる。クロイツベルクの「Groove Records」で、アインシュテュルツェンデ・ノイバウテンのブリクサ・バーゲルトが表紙になっている雑誌を買ったりした。ベルリンの壁際を歩いてみると、あちこちで壁を壊している人がいた。観光客にお土産として売る壁の破片としてちょうど良いように、西ベルリン側の表面に描かれているペイントの鮮やかなところが付着している握りこぶし大のものを取れるように、タガネを当ててハンマーで叩いて割っている。観光客が特に多い西ベルリン側のブランデンブルク門のあたりでは、屋台でひとつ15マルクぐらいで売られていたが、ぼくらはクロイツベルクで実際に壊していた東ドイツから来たという青年から直接、採れたての破片を5マルク（400円）で買った。夕方、アイン・ターク（日帰りビザ）を取得してこの日もフリードリッヒシュトラーセ駅から東ベルリンへ行った。プレンツラウアー・ベルクのフラットで、アンドレと彼のガールフレンドに1年ぶりに再会できた。彼は電話を持っていない。前日いきなり訪ねたとき不在だったので置き手紙していたのだった。この日はパントマイムの練習日だったので、フラットから2ブロック歩いたビルの地下にある稽古場に向かう。その道すがら、東ドイツの煙草をあげたら、西ドイツのチョコレートをくれた。稽古場にはネオン管が光り、コーナーはカフェのようになっていた。そこはアーティストやロック・バンドの溜まり場でも

ある。東西ドイツが統合すれば、彼らは自由と引き替えに荒海に投げ出されることになるのかもしれないと思った。この日、90年1月10日の夜、ぼくらは西ベルリンの中心部にあるツォー駅を23時35分に出発してオランダのアムステルダムに向かう夜行列車に乗った。アンドレたちはツォー駅まで見送りに来てくれた。1年前は、フリードリッヒシュトラーセ駅のボーダーを一緒に越えられるようになるとは夢にも思っていなかった。

1990年1月11日
Amsterdam

　翌1月11日、午前10時ごろ、アムステルダム中央駅に到着。東欧では闇両替したお金でチケットを買っていたので、次の国の首都まで夜行列車に乗っても、だいたいひとり1000円ちょっとだった。ところがベルリンからアムステルダムまではひとり152マルク（12160円）。一挙に10倍にもなった。

1990年1月13日
Paris

　1月12日、13時にアムステルダム・スキポール空港を飛び立つアエロフロート機で、妻は会社があるので帰国の途についた。これまでの撮影済みフィルム、握りこぶし大のベルリンの壁、ブカレストで拾った空薬莢、イスタンブールからベルリンまでの間に買ったレコードが約50枚、地図や雑誌など資料を持ち帰ってもらった。アムステルダムでひとりになったぼくは「コーヒーショップ」に入った。ハッシシ2グラムを25ギルダー（1900円）で売っていて、みんな普通に吸っていた。この日の夜、22時に出発する夜行バスでパリに向かった。

　そして1月13日から25日までフランスに滞在して26日に帰国した。その間、パリで、エムリーヌ・ミッシェル、レ・ネグレス・ヴェルトなどを撮影し、オルレアンで、マノ・ネグラの撮影をした。南仏カンヌで行なわれたMIDEM（Marché International du Disque, de l' Édition Musicale et de la Vidéo Musique）に行き、ユッスー・ンドゥール、ダニエル・ラノワ、クインシー・ジョーンズなどを撮影した。ベルリンの壁が崩壊して音楽はいかに変容したのかということについて、ぼくは長年考え続けているが、ほぼ同じ時期にいわゆる「ワールド・ミュージック」が浮上してきたことも偶然ではないだろう。

Wien, Praha, Budapest

V.

A young Italian woman sitting directly on a cobblestone near Karlův most, Praha

1990年8月1日
Wien

　90年7月31日、全日空でロンドン、ガトウィック空港に飛び、近くのB&Bに宿泊。翌8月1日の朝、ダン・エア（Dan-Air　UKの航空会社。92年にブリティッシュ・エアウェイズに吸収されて消滅した）でオーストリアのウィーンへ飛び、鉄道で「チェコおよびスロバキア」のプラハに移動した。ひとり旅である。89年のビロード革命以前は、チェコスロバキア社会主義共和国（チェコ語・スロバキア語：Československá socialistická republika）だったが、90年8月の時点では、チェコおよびスロバキア連邦共和国（チェコ語：Česká a Slovenská Federativní Republika、スロバキア語：Česká a Slovenská Federatívna Republika）という国名になっていた。その後、93年に連邦制が解消され、チェコ共和国とスロバキア共和国に分離する。ウィーン・フランツ・ヨーゼフ駅（Wien Franz-Josefs-Bahnhof）を13時29分に出発して、プラハ本駅（Praha hlavní nádraží）に19時36分に到着する列車に乗った。空路プラハ入りするのではなく、ウィーンから鉄道でプラハに移動したのは、車窓から風景の変化を見たかったから。鉄のカーテンという感覚はすっかり過去のものになっていたが、国境を越えるとガクンと雰囲気が変わった。田舎の風景は、チェコに入ると古くて貧しい感じになった。プラハに到着したら、この時間からホテルを探すのは難しいことが判った。ビロード革命が起こって初めての夏だったので、観光客が大勢来ていて、ホテルの部屋数がまったく足りない状況になり、民宿の客引きもいなかった。高いホテルでもかまわないと思ったが、中心部の老舗の高級ホテルは半年先まで予約で満杯とのこと。この日は仕方なく寝袋で駅に寝た。駅て寝ているバックパッカーが何人かいた。

1990年8月2日
Praha

　8月2日の朝、やっとホテルが見つかったが、ホリデイ・インをそっけない共産圏ふうにした感じで、場所も不便なところだった。ぼくはレンタカーを借りて行動することにした。ウィーンからプラハに入って目を見張るのは、街に広告の看板がまったくないこと、車が古ぼけていること、何かを買うのに行列していること。

　8月3日の夕方にやっと1枚、手応えのある写真を撮れた。言葉は通じなかったが、カッコ良いカップルである。

1990年8月4日
Praha

　8月4日、プラハ。カレル橋（Karlův most）の近くの石畳の上に、直に座っている若い女性がいた。古い映画のシーンのように美しかったので写真を撮らせてもらった。イタリアから来た旅行者だという。手ぶらだし、お洒落だし、バックパッカーとは別人種のようだ。ヴァーツラフ広場（Václavské náměstí）で夕涼みしている女性たちを撮影した。ここは、68年8月20日の夜から翌21日の朝にかけてソ連の戦車が侵入してきてプラハの春が粉砕された場所であり、69年1月19日にソ連の侵攻とその後の占領に抗議してヤン・パラフという大学生が焼身自殺した場所であり、89年1月初頭に訪ねたときには静かに押し黙っていたが、89年11月17日から連日大規模なデモが起こってビロード革命が成功し、89年11月24日には、群衆を前にしたバルコニーに、プラハの春の立役者で老齢に達したアレクサンデル・ドプチェク、新たな指導者となったヴァーツラフ・ハヴェル、そしてベラ・チャスラフスカらが登場して、生き抜いてきた姿を顕示し、90年1月に訪ねたときは市民フォーラム（Občanské Fórum）の人々が歓喜していたヴァーツラフ広場である。幾多の歴史が刻まれてきたヴァーツラフ広場だが、90年8月には、社会主義時代の怯えはすっかりなくなり、民主化された熱狂も一段落して、市民フォーラムのバッジをつけている人を見ることもない。多くの観光客が来るようになって、ミステリアスな雰囲気は薄らいだ気がした。

1990年8月5日
Praha

　8月5日、食堂でフォトジェニックな女性に会った。言葉は通じないけど写真を撮らせてもらった。森の中のカフェのような場所で黒人に会った。トーゴ人の留学生だという。東西冷戦期の東欧にはアフリカからの国費留学生がたくさん来ていたということを後年になって知ったが、彼もそのひとりだったわけである。トーゴ人と言葉を交わしたのは初めてだった。彼とは4か月後、90年12月にパリの路上でばったり再会した。

Václavské náměstí

Staroměstská mostecká věž

1990年8月6日
Praha

　8月6日。夕方のカレル橋にたたずんでいた人と、夜のカレル橋から見た旧市街側の橋塔（Staroměstská mostecká věž）を撮影した。プラハの写真は、ヨゼフ・スデック（Josef Sudek）につきると言っても過言ではない。ヨゼフ・スデックは、1920年代から写真家として活動を始めて76年に亡くなるまで、プラハ特有の淡い光と悠久の時の流れのなかで撮影を続けた。その集大成といえる写真集が、Apertureから出版された『Poet of Prague A Photographer's Life』（90年）で、表紙がカレル橋の写真だった。89年1月にカレル橋を見たときは、東西冷戦がいつ終わるとも想像がつかなかった時代だったとはいえ、ヨゼフ・スデックが撮影した写真と同じような雰囲気が現存していて驚いた。しかし90年8月に見たときは、橋自体は同じでも、マジカルな雰囲気はすっかり消えているような気がした。1月の光と8月の光の違いということもあるとは思うけど、東西冷戦の時代とビロード革命以後の時代の社会の変容がもたらした違いだったと思う。イタリア人旅行者、ララ（Lara）という名前の女性を撮影した。カメラを意識して、チェコ国営、シュコダ・オート（Škoda Auto）製の車の前でポーズをとっている。ビロード革命で民主化されてから初めての夏、解放された雰囲気を象徴していると思って声をかけて撮らせてもらった人が、じつは外国人旅行者だったというケースがしばしばあった。

1990年8月11日
Budapest

　8月10日の夜、プラハ本駅から夜行列車に乗り、8月11日の朝、ブダペスト西駅（Budapest Nyugati pályaudvar）に到着した。さっそくホテルを探したが、翌8月12日がF1ハンガリーグランプリの決勝日だったため主なホテルは満室で、高い割には素っ気ない中級ホテルしか空いていなかった。しかもバス・トイレが隣の部屋と共用という奇妙な構造だった。部屋の間に設置されていたバス・トイレには両側の部屋から出入りできるように2つ扉がある。その扉にはそれぞれ、内側と部屋側に鍵がついている。普段はそれぞれ扉の部屋側に鍵をかけている。バス・トイレに入るときは鍵を開けて入り、隣の部屋からの扉に内側から鍵をかけて使う。終わったら、隣の部屋に通じる鍵を外して部屋に戻り、部屋側から鍵をかけるという使い方をする。夜の道路の写真を撮影した。東ドイツ製の乗用車、ヴァルトブルク（Wartburg 353）

Lara with Škoda Auto

Wartburg 353

が写っている。　ハンガリーは東欧のなかでは先進的な国で、20世紀初頭から自動車を生産していた。　しかし冷戦時代、コメコン（COMECONソ連が主導する東欧を中心とした共産主義諸国の経済協力機構。1949年から91年まで存在した）の分業体制により、ハンガリーは乗用車生産から外されてトラックとバスの生産に特化されていたため国産の普通乗用車はなかった。　1946年に、イギリスのウィンストン・チャーチルが、東西両陣営の境界線を“鉄のカーテン”と表現した。　そのときは、ポーランド、チェコスロバキア、ハンガリー、ユーゴスラビアまでの国境を繋げたライン、バルト海から現在はイタリアとスロベニアの国境となっている所のアドリア海へと至る境界線が、東西両陣営を分ける鉄のカーテンという認識だった。　その後49年に東西ドイツの国境が画定して東ドイツが鉄のカーテンの向こう側になり、61年に、ソ連と距離を置いていたヨシップ・ブロズ・チトーらがベオグラードで第1回非同盟諸国首脳会議を開催して、ユーゴスラビアが非同盟という立場を明確にしたり、68年にワルシャワ条約機構を脱退してソ連ともユーゴスラビアとも敵対するようになったアルバニアがどの陣営にも属さないようになったため、鉄のカーテンの南の方は曖昧になった。　それでも、冷戦期の東西両陣営の境界線を示す鉄のカーテンは、リアルタイムで当時を知っているぼくの世代には、雰囲気を見事に表現した言葉として響いていた。　そのため、ベルリンの壁の崩壊、チェコスロバキアのビロード革命、ルーマニア革命によって、果てしなく強固だと感じていた鉄のカーテンが、あれよあれよという間にあっけなく開いた印象である。　象徴的な転換点は、89年11月9日のベルリンの壁の崩壊だが、鉄のカーテンは、89年5月2日に、ハンガリーのネーメト・ミクローシュ内閣が、ハンガリー・オーストリア国境に設置されていた鉄条網の撤去に着手したことことで穴が開き、89年8月19日に起こった“汎ヨーロッパ・ピクニック（Paneuropäisches Picknick）”で、雪崩を打つように東側の人々が脱出したことによって開いたのだった。

1990年8月14日

Wien

　8月14日の朝、ハンガリーのブダペスト東駅（Budapest Keleti pályaudvar）を6時45分に出発する列車に乗り、ドナウ川に沿って西へ走り、オーストリアのウィーン西駅（Wien Westbahnhof）に10時7分に到着した。　東西冷戦の時代は、このわずか3時間あまりの行程の途中に鉄のカーテンが横切っていたわけであ

る。　ウィーンではまずホテルを決めた。　シングルで1泊928オーストリア・シリング（12000円）。　それから、ひとりでシェーンブルン宮殿を観光したり、カフェに入ってザッハトルテを食べたり、大観覧車に乗ったりした。　プラハ、ブダペストと回ってウィーンに戻ってくると、街に広告があふれていることと、走っている車が綺麗なことに驚く。　ウィーンで特に印象に残ったのは、路面電車の運転手やベンツのタクシーの運転手に女性が多かったこと。　しかも、日本ではおっさん臭いと思っていたもの、数珠みたいなウッドビーズを編んだシートカヴァーを使っているタクシーの女性運転手がけっこういた。

1990年8月15日

London

　8月15日の朝、ダン・エアでロンドンに飛び、全日空に乗り換え、8月16日に帰国した。

1990 to 2000
Revolution ar

VI.

1990年10月3日にドイツは統合した。

91年1月17日、クウェートへ侵攻していたイラク軍に対して、米軍を中心とする多国籍軍が空爆を開始して湾岸戦争が始まった。CNNは連日、実況中継していたが、それはまるでテレビ・ゲームのようだった。東西冷戦の時代が終わると、パレスチナをはじめ未解決の地域紛争はまだあるにせよ、世界秩序の大きな流れは和平の構築へと向かっていくのだろうと楽観的に考えていた。しかしそうはならなかったのである。91年6月27日にスロベニア独立戦争が起こり、ユーゴスラビア連邦の解体が始まった。91年9月6日にバルト三国がソビエト社会主義共和国連邦から独立した。ウクライナ、ベラルーシなども連邦を離脱してCIS（独立国家共同体）を設立。これに中央アジアやコーカサス（カフカス）の諸国も参加して、91年12月25日にソビエト社会主義共和国連邦は崩壊した。この日、クレムリンに掲げられていた「鎌と鎚の赤旗」は降ろされ、ロシア連邦の「白・青・赤の三色旗」が掲げられた。91年は、ポスト冷戦の新秩序がどのように形成されていくのか見通せなくなり、新たなる混沌が始まる年となった。音楽は宿命的に世相を反映するものだが、91年はなぜか名作がたくさん生まれた。具体的には、マッシヴ・アタックの『ブルー・ラインズ』（91年4月）、ニルヴァーナの『ネヴァーマインド』（91年9月）、プライマル・スクリームの『スクリーマデリカ』（91年9月）、U2の『アクトン・ベイビー』（91年11月）などだ。これらのアルバムを聴くと、ぼくは今でも91年という時代の感覚を呼び起こされる。ソ連が崩壊に向かいつつあった91年9月28日に、モスクワのトゥシノ飛行場（Tushino Airfield）で

開催されたモンスターズ・オブ・ロック・フェスティヴァルで、メタリカが160万人の観客の前でライヴを行なったことも意義深く感じる。このとき〈Enter Sandman〉を演奏した動画をYouTubeで見たのは後年になってからだが、圧巻というほかない。

ドイツ統一とU2
Germany unification and U2

ドイツ統一の1990年10月3日、U2は、ちょうどその日に、ハンザ・スタジオ（Das Hansa Tonstudio）で新作をレコーディングするためベルリンに到着した。DVD『フロム・ザ・スカイ・ダウン〜ディレクターズ・カット』（12年）に、当時の映像を交えながらボノが回想するシーンが収められている。「僕たちは分断されたベルリンへ飛んだ。ブリティッシュ航空の最終便でね。パイロットはベルリンを一周してくれた『ただ今ブランデンブルク門の上空です。今は我々だけなので、この辺をぐるっと回りましょう』」ボノは両腕を伸ばして飛行機が旋回して飛んでいる様子を真似ながら喋っている。「爆弾が投下された痕が確かに残っていた」。ここで画面は、夜、壁際で喜びながら踊っている当時の群衆のニュース映像に切り替わる。「100万人以上のドイツ人が今夜街に出て、統一ドイツの誕生を祝っています」とアナウンサーが解説している。そして再びボノが喋っている映像になる。「お祝いを見ようと外に出てみた。最後は大規模な集会に遭遇した。でも彼らはあまり楽しそうじゃなくて、むしろ厳しい表情をしていた」。ボノが間違って壁が崩壊したお祝いじゃなくて、壁を元に戻せという共産主義者たちの抗議集会に混じってしまい、あわて

d music

てその場を離れたという、ファンにはお馴染みのエピソードである。ポツダム広場の隅のほうに十数張りのテントが張られている写真が出て、建物の手前の空き地のようなところにトレーラーハウスがいくつか駐まっている様子が見える映像が出てくる。これはベルリンの壁際に89年から92年の間だけ存在していたMバーン（M-Bahn 磁気浮上式鉄道）の車窓から撮影されたものだ。ムーヴィー・カメラは、ポツダム広場から南下してケーテナー通り（Köthener Straße）に沿って走るMバーンの進行方向左側の風景を映し出し、ハンザ・スタジオが見えてきたところで少しズームアップする。ボノはこのように説明した。「ポツダム広場はベルリンの中心で、真ん中に壁が作られていた。大勢のジプシーが住んでいる。気難しいが美しい魂の民族だ。町の歴史上、ここに住む権利を与えられた」ぼくは当時、ポツダム広場にジプシーのキャンプらしきものがあったということをまったく知らなかったので、このシーンは衝撃的だった。ボノがジプシーのことを「美しい魂の民族だ」と言ったことにも驚いた。「町の歴史上、ここに住む権利を与えられた」というのは事実関係を確認できなかったのだが、裏を取ろうと調べる過程で、アメリカ合衆国ホロコースト記念博物館（United States Holocaust Memorial Museum）というワシントンD.C. にある博物館のWeb サイトにたどり着き、1939 年から45年までに、ドイツ、フランス、クロアチアなどで虐殺されたジプシーについて書いてある文献を読むことができた。ベルリン東部の郊外に位置するマルツァーン（Marzahn）に第三帝国（ナチス・ドイツの時代に自称した国名）で最初のロマ（ジプシー）の収容所が作られたことや、ぼくも訪ねたことが

あるザクセンハウゼン強制収容所で、チフス、天然痘、赤痢の人体実験が行なわれていたことなどに言及していた。西ベルリン側の壁際にあったハンザ・スタジオは、機材や音響の問題よりも、独特な雰囲気がそこで録音された音楽に大きな影響を与えていたのではないだろうか。デヴィッド・ボウイの『ヒーローズ』（77年）、ニック・ケイヴ&ザ・バッド・シーズの『ザ・ファースト・ボーン・イズ・デッド』（85年）と『ユア・フューネラル・マイ・トライアル』（86年）などが録音されている。90年10月3日から1か月あまりの間にハンザ・スタジオで繰り広げられた、ボノ、ギターのジ・エッジ、ベースのアダム・クレイトン、ドラムのラリー・マレン・ジュニアによるセッションの映像が出てくる。このときのセッションが『アクトン・ベイビー』となって91年11月に世に出るのである。エッジのこのような発言も出てきた。「90年代という新しい時代。ベルリンの壁の崩壊と新生ヨーロッパの出現。そこに焦点を合わせた。実験的で前衛的な多くの音楽がベルリンやドイツから生まれた。ベルリンの音楽はテクスチャーだ。マンチェスターはリズムがすべて。ロックとクラブ・カルチャーが一体となり、ダンス・ミュージックが生まれた」89年11月9日に撮影されたブランデンブルク門の前の壁を壊す人々のニュース映像から、ハッピー・マンデーズのライヴや、マンチェスターのクラブ、ハシエンダ（The Hacienda）の映像へと繋がっていく。エッジとボノは、この時代に世界各地で起こっていたムーヴメントを、点ではなく、地続きの現実として受け止めつつ、同時にシュトックハウゼンやクラフトワークまで意識しながら、自分たちの新しい音楽の行方を模索していた。

Kraftwerk　2 June 1998 Tokyo

テクノミュージックとラヴ・パレード
Techno music and Love Parade

　クラフトワークの音楽は、70年代の段階では、YMOなどに影響を与えたテクノポップ（日本でしか通用しない和製英語）だと思っていた。ところが80年代になると、それが黒人音楽との親和性も強いということを知って驚いた。『ヨーロッパ特急（Trans-Europe Express）』（77年）のタイトル曲は、アフリカ・バンバータ&ソウル・ソニック・フォースの〈プラネット・ロック〉（82年）にサンプリングされたり、後にデトロイト・テクノを築いていく黒人たちを狂喜乱舞させたりしたのだ。デリック・メイは、「デトロイトの音楽はいわばアクシデントである。それは、クラフトワークとジョージ・クリントンを同じエレヴェーターに詰めたようなものなんだ」（野田努『ブラック・マシン・ミュージック』）と発言している。ぼくがクラフトワークを撮影したのは、98年6月2日、赤坂「BLITZ」で行なわれた来日公演のとき。東西冷戦の真っ只中にあった70年代に作られた彼らの音楽が、80年代にヒップホップやデトロイト・テクノに大きな影響を与えて、デトロイト・テクノはヨーロッパのテクノに大きな影響を与えた。それがU2の音楽や、ベルリンの壁の崩壊後に起こったテクノの祭典、ラヴ・パレードにも繋がったわけである。

　96年1月1日の未明、ロンドン東部、地下鉄ブロムリーバイボウ（Bromley-by-Bow）駅に近いスリー・ミルズ・アイランド（Three Mills Island）にあるキャパ5000人ほどの倉庫のようなところで開催された「アイランド・ユニヴァース95／96」というパーティで、ローラン・ガルニエを撮影した。

　彼は、フランス人だが、シカゴ・ハウスがイギリスに上陸した87年に、マンチェスターのクラブ、ハシエンダでDJを始めた。93年にはテクノ・マスターたちを訪ねてデトロイトに行った。ローラン・ガルニエは、録音物も良いが、生々しいテクノ史が綴られている著書『エレクトロショック』（04年。邦訳本は06年）を残したことも功績だ。本人の自伝という体裁をとっているが、ここには、多くの人が直接、あるいは間接的に共有していたテクノの歴史が真空パックされている。この本の中に、こう書いてあるくだりがあった。「1989年11月9日にベルリンの壁は崩

壊し、テクノは再統一されたドイツのサウンドトラックとなった」。ベルリンの壁の崩壊とヨーロッパにおけるテクノの隆盛は、ローラン・ガルニエが言うように、共振しているというのが多くの人の実感であろう。ベルリンで行なわれていた年に一度のテクノの祭典、ラヴ・パレードが始まったのは89年。そのときの参加者はわずか150人だったが、92年に15000人になり、90年代後半から00年代初頭にかけては100万人規模の人が集まっていた。ローラン・ガルニエのこの指摘に、ぼくは大きく頷いた。

テクノはグローバルな音楽であり、日本人であってもグローバルに活動できる。ケン・イシイ（Ken Ishii）は、ベルギーのレーベル、R&Sからリリースした『Jelly Tones』（95年）がブレイクしたことによって、そのことを実証した。95年には、ベルリンのラヴ・パレードでもDJを行なった。ケン・イシイの写真は、00年1月1日の朝、オーストラリアのヴィクトリア州、マウンテン・ベイ（Mountain Bay）で行なわれたアースコア（Earthcore）というレイヴで撮影したもの。ボンネット型ディーゼル機関車の廃車体の運転席がDJブースになっている。

また、98年7月11日にベルリンで行なわれたラヴ・パレードでは、電気グルーヴの石野卓球が100万人の群衆に向けてDJを行なった。ぼくは残念ながらラヴ・パレードを見る機会がなかったのだが、「One World One Future」と題された98年のラヴ・パレードは、ブランデンブルク門から、『ベルリン・天使の詩』でお馴染みの、翼をつけた勝利の女神ヴィクトリアが立っている戦勝記念塔があるティーアガルテンまで、6月17日通りを100万人の踊る群衆が埋め尽くした。その様子は残されている映像を見るだけでも壮観だ。DJは、フロートと呼ばれる、ブラジルのトリオエレトリコみたいな山車に乗ってプレイするのだが、ファイナル・ギャザリングというクライマックスでは、特別に選ばれたDJが戦勝記念塔のところに組まれた高い櫓の上でプレイする。そのひとりとして石野卓球はプレイしたのだった。写真の電気グルーヴは98年5月13日、石野卓球がラヴ・パレードでDJをする2か月前、西麻布にあった昭和初期の洋館を改装したフレンチ・レストラン、カサ・デル・ハポン（04年に老朽化のため取り壊された）で撮影した。

/ 095 /

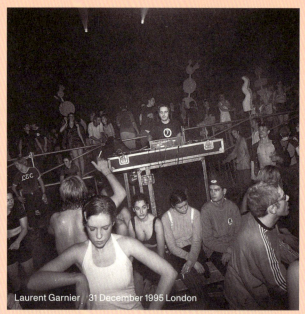

Laurent Garnier   31 December 1995 London

砂原良徳, ピエール瀧, 石野卓球
電気グルーヴ   13 May 1998 Tokyo

Ken Ishii   1 January 2000 Mountain Bay, Victoria, Australia

U2の「ズー TV ツアー」
U2 "Zoo TV Tour"

91年11月、U2の『アクトン・ベイビー』がリリースされた。1曲めのタイトルが〈ズー・ステーション（動物園駅）〉だと知った段階で、このアルバムが傑作であることを確信した。ズー・ステーション、つまりツォー駅（Bahnhof Zoologischer Garten）は、クリスチアーネ・Fという少女が、フィクサー（ヘロイン常習者）になり、破滅的な生活を送るようになった過程を克明に描いたノンフィクション『かなしみのクリスチアーネ〜われらツォー駅の子供たち』（81年。原本は78年に出た『Wir Kinder vom Bahnhof Zoo』）のタイトルにも組み込まれているツォー駅であり、89年11月9日にベルリンの壁が崩壊したとき、旧東ベルリンの若者たちが真っ先に目指した旧西ベルリンの繁華街、クーダム（Kurfürstendamm）に近い駅でもある。そこは壁を隔てて目と鼻の先にあった自由と豊かな物質にあふれた場所だった。〈ズー・ステーション〉は、明らかにそういうコンテクストを意識している曲で、動物園駅にいる"彼女"のもとに困難を乗り越えて向かう"僕"という設定のラヴ・ソングなのだった。しかもその音楽には、ダンス・ビートが大胆に導入されていて、初めて聴いたときはこれがU2なのかと驚いたものである。それは、セカンド・サマー・オブ・ラヴというムーヴメントになったマンチェスター系のロックとダンス・ミュージックが融合した音楽の影響を遅ればせながら受けているというアイロニカルな見方をする向きもあったが、まぎれもなくU2の音楽だった。ロックとダンス・ミュージックをミックスした凡百の音楽と決定的に違って、そこにはベルリンの壁の崩壊以後という世界観がくっきりと描かれていた。〈ワン〉もまた、U2らしい壮大なスケールの曲だが、既存のスタイルを踏襲しただけではなく、ポスト冷戦の時代の世界観を暗示しているように思えた。アントン・コービンが監督したヴァージョンのMVが、旧東ドイツの大衆車、トラバントを効果的に使っていた。〈ソー・クルエル〉は、聴いていると吸い込まれていくような気分になる。グラウンド・ビートふうの反復するリズムに乗せたボノのヴォーカルに潜む感情が遠巻の渦のようになり、ゆっくりと近づいてきて胸が締めつけられる。『アクトン・ベイビー』のレコーディングは、前半をベルリンのハンザ・スタジオで、後半はアイルランドに戻って主にダブリンの南沿岸にあるエルシノア（Elsinore）と呼ばれるスタジオに改装した豪邸で行なわれた。ブックレットの写真はカナリア諸島でのロケで撮影されたものも多く含むが、やはりベルリンで撮影された写真がポイントになっている。初めてブックレットをめくったとき、旧東ベルリンにあった巨大な廃墟、タヘレス（Tacheles）の写真が出てきたところで震えたことを思い出す。89年1月9日に、ぼくもタヘレスを撮影していた。タヘレスは、元々は1928年に最先端のデパートとして建てられたが、第二次世界大戦末期に空爆で建物の半分が破壊され、それからずっと廃墟として鎮座し続けていた。この建物が纏っている沈黙の深さが『アクトン・ベイビー』にも通底して横たわっているような気がした。

91年は『アクトン・ベイビー』の完成と時を同じくしてソ連が崩壊した年でもある。このような時代を反映するように、U2の新たな表現となったズー TVツアーが、92年2月にアメリカを巡回し始めた。ステージには大きなスクリーンやテレビ・モニターが山と積まれたが、そのアイデアはボノとジ・エッジが湾岸戦争を伝えるテレビ中継を見ているときに思いついたという。ステージ後方には東ドイツの大衆車、トラバントが吊り下げられて、ヘッドライトのところに組み込まれた照明がバンドを照らし出した。そして93年5月から、ヨーロッパを巡回する第2期ズー TVツアー（ズーロッパ・ツアーと呼ばれることもある）が始まり、同年7月には、早くも『アクトン・ベイビー』の続編といえる『ZOOROPA』がリリースされた。第2期ズー TVツアーは、ヴァージョンアップされたもので、アンコールのとき、ボノが白塗りの顔に赤い角を生やしたキャラクター、マクフィスト（悪魔メフィストフェレスのパロディ）を演じるようになった。このツアーは当初ヨーロッパ限定と伝えられたが、4年ぶり3回めとなる来日公演も実現した。ぼくは93年12月9日に東京ドームで行なわれたライヴを撮影した。一連のズー TVツアーは、MTVやCNNによってもたらされる虚実皮膜の時代感覚みたいなものを鋭く表現していた。ところが、当初はあくまでも表現だったのだが、93年7月3日に北イタリアの街ヴェローナで行なわれた公演のとき以後、舞台装置のテレビ・モニターに本物の報道が流れ始めたのである。それはビル・カーター（Bill Carter）というサラエヴォ（Sarajevo）の援助機関で働くアメリカ人によってもたらされた。旧ユーゴスラビア、ボスニア・ヘルツェゴビナで紛争が勃発したのは92年のことで、首都サラエヴォの悲惨な映像が世界に流れた。しかし93年半ばになると、戦火が止んだわけではないのに、世界はボスニア・ヘルツェゴビナへの興味を失いかけていた。そんなおり、ビル・カーターがサラエヴォで撮影した人々の声と姿がズー TVツアーのステージ上のテレビ・モニターに映し出されるようになったのである。ビル・カーターはその後、撮りためていた映像を編集したドキュメンタリー映画『Miss Sarajevo』（95年）を制作した。砲火と銃撃戦のさなかのサラエヴォで、なんと美人コンテストが開催された。この映画はその模様を含めたサラエヴォの記録で、美女たちが「見殺しにしないで（Don't Let Them Kill Us）」という横断幕を持って壇上に並ぶ姿が強いメッセージとなっている。その写真をジャケットに使った曲、ボノ、ジ・エッジ、ブライアン・イーノ、ルチアーノ・パヴァロッティらからなるグループ、パッセンジャーズ（Passengers）の〈Miss Sarajevo〉（95年）は感動的だった。

モスクワでのストップオーバー
Stopover at Moscow

93年9月13日に、ワシントンでオスロ合意が調印され、イスラエルのイツハク・ラビン首相と、当時はまだチュニジアのチュニスに本部があったPLO（パレスチナ解放機構）のヤセル・アラファト議長が歴史的握手を交わした。同年12月、ぼくらはイ

U2 Zoo TV Tour 9 December 1993 Tokyo

スラエルとパレスチナを訪ねた。その帰り道、94年1月9日から12日までモスクワでストップオーバーした。ボリス・エリツィンが大統領だった時代である。モスクワでは、赤の広場にあるレーニン廟で、死後すぐに防腐処理が施されて蝋人形のようになったウラジーミル・レーニンの死体を見た。それから、新アルバート（Novy Arbat）通り界隈を歩いた。急激な資本主義化の歪みが最も端的に現われているところだ。モスクワではスノッブなカフェのひとつであるアイリッシュ・バーに娼婦と思われる女性たちがいて、その外のすぐ近くでは、たった1匹の犬を売るために吹きさらしの路上に列をなしている女性たちがいた。モスクワで最大の書店にあるCD売場には、見慣れた欧米の音楽が並び、そのすぐ横のアンティーク売場には、ずらっとイコンが並んでいた。イコンの多くは1917年のロシア革命以前に作られたもののようだった。宗教が弾圧されていたソ連時代は、おおっぴらに飾られることなく誰かの家で眠っていたのだろう。それが売り飛ばされているのだ。ぼくは聖ニキータ（Saint Nikita Святой Никита）という隠者が描かれたイコンをひとつ買った。ホテルの部屋のテレビを点けると、MTVはちゃんと流れているのに海外のニュースの報道は極端に少なく、ナショナリズムと欧米への羨望が奇妙に混在しているように見えた。紙パックのジュースを買って、ホテルで飲もうとしてコップに注いだら、ナメクジみたいな塊がゴロリと出てきて衝撃を受けた。物価はだいたい、東南アジアよりは高いけど西ヨーロッパよりは少し安いという順当な水準だったが、ルーブルの暴落とインフレが激しくて、取り残された設定の価格のものがときおりあった。その最たる例が地下鉄の運賃で、どこまで乗っても3ルーブル（約1円）のトークンひとつという奇妙な状況になっていた。しかし窓口でトークンをふたつ買おうとして50ルーブル札を出したら、おつりがないからトークンを10個じゃないと売れないと言われた。モスクワで印象的だったのは、地下鉄のエスカレーターである。深い闇へと降りて行くようなステップに足を乗せるたびに、不思議な覚醒感を味わうのだった。89年11月9日にベルリンの壁が崩壊した。このとき事実上、東西冷戦は終結した。ソ連の崩壊はその2年後、91年12月25日に連邦が解体したときで、守旧派による最後の抵抗が91年の「ソ連8月クーデター」だった。このときボリス・エリツィンが改革派のリーダーとして頭角を現わした。クーデターに反対する市民らがベールイ・ドーム（Белый дом ロシア共和国最高会議ビル。別名「ホワイトハウス」）に集まって抵抗したことによりクーデターを失敗に終わらせた。その2年後、93年10月に、こんどは反エリツィン陣営がベールイ・ドームに立て籠もって、エリツィン側が戦車から砲撃するという「モスクワ騒乱事件」が起こった。ぼくらがモスクワを訪ねた94年1月はその3か月後だった。ベールイ・ドームには砲撃した跡を修繕するための足場が設けられていて、作業員の姿が見えた。このような展開になったのは、そもそも79年にソ連がアフガニスタンに侵攻したときムジャヒディン（イスラムの教えに従って異教徒と戦う人）が善戦して、泥沼に陥った

Белый дом   10 January 1994 Moscow

Аэропорт Шереметьево-2   12 January 1994 Moscow

からだ。80年のモスクワ・オリンピックは、ソ連によるアフガニスタン侵攻に抗議するという名目で、アメリカ、西ドイツ、日本、韓国、当時ソ連と対立していた中国、ムジャヒディンを支持するアラブ諸国などがボイコットした。そしてモスクワ・オリンピックの直後に、ポーランドのグダニスクにあるレーニン造船所で、レフ・ワレサが中心となって自主管理労組 "連帯" が発足。大規模なストライキが行なわれて民主化運動が始まった。このときソ連は、アフガニスタンに侵攻せずに疲弊していなかったら、プラハの春のときのように軍事介入した可能性が高かったと思う。もしそうなっていたら、ベルリンの壁の崩壊からソ連の連邦解体に至る歴史は何年か遅れて、世界史は大きく変わっていたのではないだろうか。94年1月12日。80年から00年ぐらいまでモスクワの国際空港として中心的な役割を担っていたシェレメーチエヴォ・ドヴァー（Аэропорт Шереметьево-2 現在は新装オープンしたシェレメーチエヴォ国際空港の一部となっている）。ちょっと薄暗くて、いかにも共産圏ふうの作りで、丸いぼんぼりみたいな照明が印象的だった。モスクワで買ったばかりのライカIIIaふうに作ってあるソ連製のカメラ、ゾルキーで撮影してみた。エルマー 50mm f3.5と彫ってある偽物のレンズが、ぼんぼりみたいな照明の光を滲ませていて良い感じに写った。

Atari Teenage Riot / アタリ・ティーンエイジ・ライオット

　97年1月11日。新宿リキッドルームでアタリ・ティーンエイジ・ライオット（以下、ATR）を撮影した。中心人物、アレック・エンパイアは、ベルリンで生まれ育った。76年から77年のUKパンク、オールド・スクールのヒップホップの影響を受けて、パンク・バンドを結成したが、87年ぐらいにパンク・バンドにうんざりするようになり、電子楽器やアタリのコンピュータを使うようになった。しかし、90年から91年にベルリンにもアシッド・ハウスが入ってきたが、ラヴ＆ピースとかユニティという風潮に向かうテクノには同意できずに、92年にATRを結成。ロストック事件（バルト海に面する港湾都市、ロストックで、92年8月に極右ネオナチが外国人を襲撃した事件）が起こったことに対する反応として出したファースト・シングル〈Hetzjagd Auf Nazis!（ナチを捕まえろ）〉（92年）でいきなり物議を醸した。デビュー作『Delete Yourself』（95年）で、高速のブレイクビーツと歪められたギターのサンプリングにノイズが加えられた音を鳴らしながらハードコア・パンクばりに絶叫するデジタル・ハードコアというスタイルを確立した。ATRのオリジナル・メンバーは、アレック・エンパイア、スワジランド出身の黒人男性、カール・クラック、シリアのダマスカス出身の女性、ハニン・エリアスという3人。ラヴ・パレードの全盛と同時代に、ベルリンからATRが出現して活動していたことは表裏一体の出来事だったと思う。14年に『Reset』（14年）をひっさげて来日公演を行なったときのATRのメンバーは、アレック・エンパイア、日系ドイツ人の女性、ニック・エンドウ、父はジャマイカ、母はセントクリストファー島出身でロンドン在住の黒人男性、ラウディ・スーパースターという3人になってい

た。ATRがさまざまなルーツを持つメンバーで構成されていることに対して、アレック・エンパイアは14年に会ったとき、このように語っていた。「ベルリンはさまざまなタイプの人々が住む国際的な都市です。でもATRをインターナショナルなメンバーにしようとして彼らを選択したわけではありません。人種とか国とかではなくて、その人が持っているスペシャルなものを取り入れることを意識しているだけです」。

Wim Wenders / ヴィム・ヴェンダース

　97年11月18日。帝国ホテルで、ヴィム・ヴェンダースに会った。ロスアンジェルスを舞台にした映画で、チカーノの人もたくさん出てくる『エンド・オブ・バイオレンス』（97年）のプロモーションのために来日したときで、ロス・ロボスをはじめとする14組のアーティストが参加したサウンドトラックと、ライ・クーダーによるオリジナル・スコア盤も出ていた。ヴィム・ヴェンダースは当時、ロスアンジェルスのウエスト・ハリウッド、サンセット・ブルヴァードにあったタワーレコードから歩いてすぐの所に住んでいた。そのためか風貌にはヨーロッパ調ではなくアメリカンな雰囲気が漂っていた気がしたが、ベルリンにまつわる話も少しだけ聞いた。『ベルリン・天使の詩』（87年）の続編として、ベルリンの壁の崩壊後に制作された『時の翼にのって（In weiter Ferne, so nah!）』（93年）についてこのように言った。「あの映画は初めから終わりまで、すべて壁の崩壊があってできたものです」。聞くまでもない質問に対する、誰もがそうだろうと思う答えではあるが、それでも97年の時点で振り返れば、なるほどそうだったのかと頷いたのだった。『ベルリン・天使の詩』をリアルタイムで見たときは、ニック・ケイヴ＆ザ・バッド・シーズなども登場して、東西冷戦の時代の西ベルリンの壁際の風景と風俗を描いた映画だと思った。ところがその後、思いがけずベルリンの壁が崩壊して、『時の翼にのって』が制作された。その一連の流れを振り返れば、『ベルリン・天使の詩』には東西冷戦より前の時代の痕跡を描写したシーンもたくさんあって、それが深い奥行きを持っていたことに遅ればせながら気づいたのだった。具体的には、図書館のシーンで、アウグスト・ザンダーの写真集『Menschen des 20. Jahrhunderts』（英語版は『People of the 20th Century』、日本語版は『20世紀の人間たち』というタイトルで出ている）を見ているシーンで開いていたページがちょうど、1938年に撮影された「迫害されているユダヤ人」だったことや、映画の中で撮影されていた戦時中の映画に出演する役者としてピーター・フォークが出てきて、戦時中にユダヤ人を強制収容所へと送り出す列車が出ていたアンハルター駅（Anhalter Bahnhof）の跡から、戦時中に作られた防空施設、アンハルター・バンカー（Anhalter Bunker）のあたりを徘徊するところ。『ベルリン・天使の詩』にそういうシーンを組み込んでいたことにより、続編で壁崩壊後のベルリンを描いたとき、戦前から継続しているベルリンの歴史性をきっちり捕らえていたことの意味が深まったと思えたのだ。

Alec Empire(Atari Teenage Riot)　11 July 1997 Tokyo

Wim Wenders 18 November 1997 Tokyo

U2 "PopMart Tour"/U2の「ポップマート・ツアー」

98年3月5日。東京ドームで、U2の「ポップマート・ツアー」を見た。客席とステージの間のフォト・ピットから見上げたアーチは、さすがに大きかった。マクドナルドのMのマークを半分に切り取って巨大化させたようなそのアーチは、泡沫の消費社会をシニカルに表現したオブジェとして見ることが可能だと思ったし、西部への入口という意味があるセントルイスのゲートウェイ・アーチにも似たその形状から、時代が未知の荒野へと向かう入口にさしかかっていること、それは同時に何かを蹂躙してしまう危険性を孕んでいるということを示唆しているように見えたりもした。そのアーチの上方にはスピーカーを収めたオレンジ色の箱が60個、巨大なカボチャのように配列され、吊されていた。そしてアーチの後方には、高さ17メートル、幅51メートルにわたって4インチ角のピクセルを敷き詰めた世界最大のスクリーンが壁のようにそそり立っていた。フォト・ピットから振り返ると、アリーナの真ん中あたりにBステージというもうひとつの小さなステージが設けられていた。開演前のBGMの続きという感じで〈ポップ・ミュージック〉のイントロが会場に響き始めたとき、客電がパッと消えるでもなく、スポット・ライトがBステージ近くの一角を照らし始めた。客席はにわかにどよめいて、アリーナ席の前のほうに座っていた観客はみんな立ち上がって後ろを振り返る。するとどこから現われたのかBステージ上にU2のメンバーが登場していた。ギターのジ・エッジ、ベースのアダム・クレイトン、ドラムのラリー・マレン（この時点の最新作、97年の『ポップ』のクレジットからジュニアが取れた）が、メイン・ステージに繋がる花道をこちらに向かって悠然と歩いてくる。そしてやや遅れてBステージ上に現われたヴォーカルのボノは歓声に応えるように手を振ったりしてから、ひとり花道を歩いてきた。4人のメンバーがメイン・ステージ上に揃い〈モーフォ〉を演り始める。すると一挙にパワー全開となり、気がつけばちょっと前まで沈黙していた巨大スクリーンのピクセルは、ライヴ映像を交えて狂おしく点滅し続けている。次の〈アイ・ウィル・フォロー〉では途中、ボノがフォト・ピットに降りてきてカメラマンたちが一斉に取り囲む。ぼくもそのなかに混じって夢中でシャッターを押し続けた。そして続く〈コーン〉を演り終えたところまでで写真撮影は終了。急いでカメラを片づけて、続きは1階の客席に駆けつけて普通に観た。その間4曲見逃すことになり、やっと客席にたどり着いたときには〈プライド＝Pride (In The Name Of Love)〉を演っているところで、スクリーンにはマーティン・ルーサー・キング牧師の映像なども映し出されていた。これはやっぱり凄いぞという確信を抱き始めたころ、コンサートは中盤にさしかかり、これまでのメイン・ステージでのパフォーマンスから一転、ボノとエッジがBステージに向かい、アコースティックな感じで〈スターティング・アット・ザ・サン〉とエッジのヴォーカルで初期の名曲〈サンデー・ブラッディー・サンデー〉を演った。ドームの中空に遥か彼方から放たれたスポット・ライトの光跡が走り、アリーナの真ん中の小さなステージで演奏しているふたりを照らし出して

いた。再びメイン・ステージに戻り、〈プリット・ザ・ブルー・スカイ〉、『ポップ』からの〈プリーズ〉を挟んで〈ホエア・ザ・ストリーツ・ハヴ・ノー・ネイム〉と、『ヨシュア・トゥリー』からの曲を演る。ここでこれまでずっとステージの右隅で押し黙っていたレモン型の巨大な物体が動き始める。Pファンクにおけるマザーシップに相当するものだ。くるくる回転しながらステージ中央まで動いてきた巨大レモンがパカッと割れると、中に4人が立っていた。そしてどこに格納されていたのか梯子状のものが掛けられて、4人がつらつら降りてきてBステージへと向かい〈レモン〉を演り始める。ドームの中空に遥か彼方から放たれたスポット・ライトの光跡が走り、彼らを照らし出す。続いて〈ディスコティック〉に突入するとき、巨大レモンが、実は巨大ミラー・ボールでもあったことが明らかになる。この後、スクリーンにはキース・ヘリングやアンディ・ウォーホールへのオマージュみたいなCGも登場した。そして『アクトン・ベイビー』からの〈ワン〉、『ポップ』からの〈ウェイク・アップ・デッド・マン〉ときて、ポップマート・ツアー東京ドーム公演は終了した。DVD『ザ・ベスト・オブ・U2　1990-2000』に収録されているポップマート・ツアー、97年9月23日のサラエヴォ公演のドキュメンタリーを見れば、U2が、ベルリンの壁の崩壊以後、ユーゴスラビア紛争という実際の出来事と併走するように音楽活動を行なっていたことが判る。ポップマート・ツアー、97年12月3日のメキシコシティ公演を収録したDVD『ポップマート〜ライヴ・フロム・メキシコ・シティ』を見れば、『アクトン・ベイビー』からポップマート・ツアーに至る90年代のU2は、空前絶後だったと思う。

ルーマニアで継承されていたハンガリー民謡
Hungarian folk songs inherited in Romania

98年8月25日、渋谷クラブクアトロでシェベシュチェーン・マールタ＆ムジカーシュ（Sebestyén Márta & Muzsikás）を撮影した。シェベシュチェーン・マールタを囲むように立っているムジカーシュの4人は、左から順に、ハマル・ダニエル（Hamar Dániel　ベースと、250年前からあるという伝統楽器、チェロぐらいの大きさの弦楽器を叩いて鳴らすガルドンÜtőgardon）、ポルタルキ・ラースロ（Porteleki László　ヴァイオリン、コボズkoboz、タンブラtamburaというハンガリーのリュート）、エーリ・ピエテル（Éri Péter　ヴィオラと、ハンガリーの縦笛、フルヤfurulyák）、シボシュ・ミハーイ（Sipos Mihály　ヴァイオリン、ツィター citera）である。彼らの音楽は、スタジオジブリの映画、高畑勲監督による『おもひでぽろぽろ』（91年）のサウンドトラックに使われたり、マールタの印象深い声は、ディープ・フォレストの〈Marta's Song〉（95年）や、映画『イングリッシュ・ペイシェント』（96年）のサウンドトラックに使われたことがきっかけで広く知られるようになった。でもぼくは、東西冷戦の最中に作られて当時の空気感がひしひしと伝わってくる『プリズナーズ・ソング』（88年にハンニバルからMuzsikás名義で出た『The Prisoner's Song』に基づく日本盤。オリ

U2 PopMart Tour 5 March 1998 Tokyo

Hamar Dániel, Porteleki László, Sebestyén Márta, Éri Péter, Sipos Mihály
Muzsikás   25 August 1998 Tokyo

ジナルはフンガロトンから86年に出た『Nem arról hajnallik, amerröl hajnallott』)、『すみれ色の大地』(87年にハンニバルから Márta Sebestyén 名義で出た『Muzsikás』に基づく日本盤。オリジナルはフンガロトンから87年に出た『Dúdoltam Én: Sebestyén Márta』)、トランシルヴァニア北部に位置するマラムレシュ(Maramaros)で奏でられていた戦前のユダヤ人の音楽を発掘してムジカーシュが演奏した『Máramaros: The Lost Jewish Music of Transylvania』(93年)、バルトーク・ベーラ(Bartók Béla1881-1945)が1910年代に採集した音楽を演奏した『The Bartók Album』(99年)に特に惹かれる。彼らの音楽がどういうものなのか、具体的に知ることができたのは、遅ればせながら14年5月4日、来日したムジカーシュのハマル・ダニエルとエーリ・ピエテルに、日本語ぺらぺらのハンガリー大使館の女性が通訳してくれて話を聞いたときだった。

――― 89年に『The Prisoner's Song』と『Muzsikás』に出会って感動しました。ここに収録されているのは、ハンガリー語ではエルデーイ(Erdély)と言うそうですが、現在はルーマニア領となっているトランシルヴァニア地方で採集した曲ですか。

ダニエル ハンガリーとトランシルヴァニアの曲、ひと言で言うならカルパティア盆地の曲を演奏しています。(ここで、ラップトップ・コンピュータを開いて地図を見せてくれる)現在のハンガリーの3倍ほどになるカルパティア盆地(ハンガリー、スロバキア、クロアチアとセルビアの北部、ルーマニアのほぼ半分にあたるカルパティア山脈の西側の地域)がハンガリー文化圏です。オレンジ色で示しているのは90パーセントがハンガリー人が住んでいる地域です(現在のハンガリー全土以外では、ルーマニアのトランシルヴァニア地方の何割かがオレンジ色になっている)。

ピエテル カルパティア山脈の外の音楽は輪を作って踊るものが多く、バルカン音楽に近いです。一方、カルパティア山脈の内側の音楽はカップルになって踊るのが多いですし、ハンガリーの楽器で演奏されています。『The Prisoner's Song』と『Muzsikás』は、カルパティア山脈の内側の音楽をそのまま演奏した曲と、私たちが独自に理解して演奏した曲で構成しています。カルパティア山脈の外側のバルカンふうの音楽は演奏していません。

――― ムジカーシュの『The Bartók Album』(99年)のブックレットに「50年代には、ポータブル・カメラとレコーダーの発明によって、フォーク・ダンス研究は新たな局面を迎えた。(中略)トランシルヴァニアを筆頭とするハンガリー文化の古層を残す地域で、ダンス・ミュージックの大量発見に繋がった。この分野での最大の貢献者はゾルターン・カローシュ(Zoltán Kallós)だ」と書いてありました。

ピエテル ゾルターン・カローシュは民俗学者です。バラードの詞や、楽器や、民族音楽をたくさん集めた人です。彼が採集を始めたのは50年代からで、今は85歳ぐらいかな。存命で続けています。私の父、ジョルジ・マルティン(György Martin)も民俗学者で音楽をたくさん録音しています。彼らの録音を聴いて刺激を受け、私たちも独自に採集に行くようになりました。

――― 『The Prisoner's Song』というタイトルの意味を教えてください。

ダニエル これは外国で出たCD(ジョー・ボイドというアメリカ人が起こしたレーベル、ハンニバルの盤)だからそうなったのですが、ハンガリーで出たオリジナル(フンガロトン盤)は『Nem arról hajnallik, amerröl hajnallott』というタイトルです。当時は検閲が厳しくて直接的な表現は無理でしたが、民謡は通りやすかった。〈Rabnóta(Prisoner's Song)〉は、刑務所に入っている人が早く自由になりたいと歌う曲ですが、ここにはわれわれは自由になりたいというメッセージが込められています。〈Eddig Vendég(The Unwelcome Guest)〉は、結婚式の最後に演奏する曲で、もう帰ってほしいという意味ですが、これはハンガリーを占領していたソ連軍に早く帰ってほしいというメッセージでした。当時はそういうことを直接言えなかったので民謡に託したのです。そんなこともあってこのCDは当時の人たちにとって重要なものになりました。

――― 『Máramaros: The Lost Jewish Music of Transylvania』に、ジプシーのミュージシャンがふたり、ヴァイオリンのゲオルゲ・コヴァツィ(Gheorghe Covaci)とツィンバロムのアルパッド・トニ(Árpád Toni)が参加しています。彼らはどのような役割を果たしたのですか。

ダニエル ふたりとも戦前にユダヤ人のグループで演奏していました。彼らから戦前のユダヤ人の音楽を習いました。生き残ったユダヤ人から話を聞いたりもしましたが、その中には、バルトークと共に20世紀初頭に多くの民謡を採集していたコダーイ・ゾルターン(Kodály Zoltán 1882-1967)の教え子だった人もいました。国内外のユダヤ人やクレズマーのミュージシャンたちの意見も聞いて、重要だと思う曲を絞り込んで演奏しました。

――― このアルバムにはクレズマーにはよく使われているクラリネットが出てきませんね。

ダニエル マラムレシュのユダヤ人たちは、クラリネットは使わなかったのです。ジャケットの写真を見てください。これは1905年に撮影された有名な写真です。5人のうち3人がユダヤ人で、ふたりは違います。当時はユダヤ人の文化と他の文化が共存していたのです。

―――　ここに収録されている曲のうち1曲だけシェベシュ
チェーン・マールタが歌っています。これは何語で歌っ
ているのでしょうか。

ダニエル　ヘブライ語です。

―――　ムジカーシュにとって、ジプシーやユダヤ人と接点を
持つことは特別な意味があるのですか。

ダニエル　歴史的文化的背景が違っても同じ人間ですし、私が
育った環境では重なるところがありました。

―――　バルトークが1910年代にトランシルヴァニアで採集し
た音楽と、50年代以後に採集された音楽は違って
いるのですか。

ピエテル　ほとんど同じです。バルトークが1912年に録音した
曲を、63年に初めてトランシルヴァニアに行ったとき
同じ場所で聴いたのですが、まったく同じでした。ブ
ダペストはモダンなヨーロッパの街で、当時はほとん
ど伝統音楽はなかったのです。このような曲との出
会いは我々にとって貴重でした。

東西冷戦の最中に作られ、当時の空気感がひしひしと伝わっ
てくる『The Prisoner's Song』と『Muzsikás』。第二次世界
大戦前のユダヤ人の音楽を発掘した『Máramaros: The Lost
Jewish Music of Transylvania』。1910年代の音楽を再現した
『The Bartók Album』。ほかにも何枚もアルバムがあるが、こ
れらのアルバムでのムジカーシュの試みは、音楽が歴史を生々し
く伝えていることを物語っている。

ルーマニア・クレジャニ村のジプシー楽団
Gypsy musicians in Clejani village, Romania

2000年5月20日、青山CAYで行なわれた「アルタン祭
り」の前夜祭のとき、ヨウジヤマモトの衣装を着て勢揃いし
たタラフ・ドゥ・ハイドゥークス（Taraf de Haïdouks）を撮影
した。前列左から、歌とヴァイオリンのパシャラン（Pasalan
Giuclea）、アコーディオンのイオニッツァ（Ionitsa Manole）、
歌とヴァイオリンのニコラエ（Nicolae Neacşu）、歌とア
コーディオンのマリン（Marin P. Manole）、歌とギターのイリ
エ（Ilie Iorga）、後列左から、笛のゲオルゲ（Gheorghe
Falcaru）、アコーディオンのマリウス（Marin "Marius"
Manole）、ヴァイオリンのカリウ（Caliu Gheorghe）、ツィン
バロムのイオニカ（Ionică Tanase）、ツィンバロムのクリスティ
ネル（Cristinel Turturica）、コントラバスのヴィオレル（Viorel
Vlad）、歌とツィンバロムのカクリカ（Cacurica Baicu）、歌と
ヴァイオリンのコスティカ（Constantin "Costica" Lautaru）。
彼らは、ルーマニア南部のワラキア（Wallachia）地方に位
置するクレジャニ（Clejani）村からやって来たジプシーの楽師
（ラウターリ　Lăutari）たち。このときが初来日である。ジプ
シーの起源に関してはいくつかの説があるが、インドのラジャス
タンで発祥して、1000年前ぐらいに西へ移動を始めてヨーロッ
パにたどり着いたという説が最も広く信じられている。トニー・

Gheorghe Falcaru, Marin "Marius" Manole
Pasalan Giuclea

Caliu Gheorghe, Ionică Tanase, Cristinel Turturica, Viorel Vlad, Cacurica Baicu, Constantin "Costica" Lautaru
Ionitsa Manole, Nicolae Neacşu, Marin P. Manole, Ilie Iorga

Taraf de Haïdouks   20 May 2000 Tokyo

Taraf de Haïdouks   21 May 2000 Tokyo

ガトリフ（Tony Gatlif）監督の『ラッチョ・ドローム（Latcho Drom）』（93年。日本公開は01年）は、そのルート沿いに断続的に分布しているジプシーを追った映画だ。タラフ・ドゥ・ハイドゥークスは、この映画に出演したことによってヨーロッパで知られるようになった。イスタンブールの熊使いからレストランでの楽団の演奏に繋がるシーンに続いて、ルーマニアのクレジャニ村の寂れた風景が出てくる。そこに少年が歩いてきて河原のほうに行くと、木の下で、ニコラエが、ヴァイオリンを演奏しながら〈独裁者のバラード（Balada Conducatorolui）〉という曲を歌い始める。ヴァイオリンの弦に括り付けた糸を爪で引っ張って鳴らす独特の演奏法を交えたもの悲しい曲で、「独裁者を倒せと叫び、ブカレストの町を行進している。緑の木の葉に野の花々。この22日という日（チャウシェスク政権が崩壊した89年12月22日のこと）に、生きた時間が戻ってきた。自由に生きられる時間が」と歌う。続いてクレジャニ村のシーンに戻り、カリウがヴァイオリンを弾きながら家から出てくる。路上にジプシーたちが集まってきて、笛のゲオルゲ、アコーディオンのイオニッツァ、ヴァイオリンのニコラエらが合流して怒濤のセッションが始まる。この13分間の映像が多くの人を惹きつけた。始まりは、88年にフランスのオコラ（Ocora）というレーベルから出た『Roumanie: Musique des Tsiganes de Valachie - Les Lăutari de Clejani』というCDだった。ツィガーヌ（Tsiganes）とはフランス語でジプシーのこと。ルーマニアのジプシーは、普段はツィガーニ（Ţigani）と自称し、ルーマニア語やジプシーの言葉が判らなさそうな外国人に対してはジプシーと自称する。「ツィガーヌ」も「ツィガーニ」も「ジプシー」も差別的な使い方をする人が多いが、クレジャニ村のジプシーは「ロマ」とは自称しない。なので彼らを「ロマ」と呼ぶのは不自然である。ルーマニア語やジプシーの言葉が判らない外国人は、差別的な気持ちを入れずに「ジプシー」と言うのが自然だ。ラウターリ（Lăutari）は楽師のこと。クレジャニ（Clejani）は、ルーマニアの首都ブカレストの南南西40キロほどのところに位置する村の名前だ。このCDには、学術的動機に基づくものではあるが、冠婚葬祭で演奏してお捻りをもらう生活をしていたクレジャニ村のジプシーの楽師たちが演奏する音楽が確かに録音されていた。88年のある日、オコラ盤を聴いたベルギー人、ステファン・カロ（Stephane Karo）がクレジャニ村を訪ねた。チャウシェスク政権下だった当時は地図が公開されていなくて、やっとのことで村を探し当てたのだという。そしてステファンは、楽師たちの音楽に直に接して感銘を受けた。村を出るとき、車から振り返ると子供たちが追いかけてきていた。その様子を見て思った。彼らは海外に進出すべきだ。有名になれるはずだと。しかし、チャウシェスク政権下のルーマニアではジプシーのミュージシャンを海外に連れ出す術はなかった。ところが突然、89年12月に多くの民衆の犠牲を伴いつつもチャウシェスク政権は崩壊した。そのときステファンは、今週中にでもルーマニアに行かなくてはならないと思った。そして旧

知の友人、ミッシェル・ウィンター（Michel Winter）を誘ってすばやく行動を起こした。ふたりはクレジャニ村を訪ねて、楽師たちから11人のメンバーを選抜してバンドを結成した。そしてタラフ・ドゥ・ハイドゥークスと名づけた。タラフとはラウターリが集まった楽団のこと、ハイドゥークスは義賊という意味だ。ステファンとミッシェルは、このとき映像も撮っていた。それはクレジャニ村で初めて撮られた映像で、DVD『タラフの果てしなき冒険（The Continuing Adventures Of Taraf de Haïdouks）』（05年。日本盤は06年）に収録されている。そこには楽師を生業とする本来のクレジャニ村の人々の姿が克明に捉えられていた。本当に貧しそうな村で、着古した服を身につけた浅黒い肌の人々が生活の糧を得るために音楽を演奏している。その光景は、もはやありえない美しさで胸を締めつけられる。89年12月にチャウシェスク政権が崩壊した直後といえば、ぼくもルーマニアのブカレストを訪ねていた。でもそのときは、わずか40キロほどのところにあるクレジャニ村にジプシーの楽師たちがたくさん住んでいて、音楽を奏でているとは夢にも思わなかった。あのとき同時期にステファンとミッシェルも、ルーマニアに来ていたのだった。

タラフ・ドゥ・ハイドゥークスは、91年にベルギーのクラムド・ディスク（Crammed Discs）からファースト・アルバム『Musique des Tziganes de Roumanie』を出した。CDを出してコンサートをやるという、これまでとはまったく異なるスタイルの音楽活動を始めた。そしてタラフ・ドゥ・ハイドゥークスは、自らもジプシーの血を引くトニー・ガトリフ監督の映画『ラッチョ・ドローム』（93年。日本公開は01年）に出演して、西欧で注目されるようになった。タラフ・ドゥ・ハイドゥークスが世に出たのもまた、ベルリンの壁の崩壊からドミノ倒し的に波及した東欧の民主化運動の一環と位置づけられるチャウシェスク政権の崩壊が背景にあったわけである。『Musique des Tziganes de Roumanie』がリリースされた91年は、中東で湾岸戦争が勃発した年であり、ユーゴスラビアでは連邦が解体され、くすぶっていた民族紛争が本当の戦争に拡大して、東西冷戦の終結が平和な時代の到来を意味するわけではないと証明された年だ。東西冷戦の終結を経て世界はどのように再構築されるのか。そしてそれはどのように音楽に反映されるのか。そんなことを漠然と考えながら、当時のぼくは、結局のところ、ニルヴァーナの『ネヴァーマインド』や、プライマル・スクリームの『スクリーマデリカ』や、マッシヴ・アタックの『ブルー・ラインズ』（いずれも91年）などを聴いていた。タラフ・ドゥ・ハイドゥークスにリアルタイムで気づくことはできなかった。タラフ・ドゥ・ハイドゥークスはその後、クラムド・ディスクから『Honourable Brigands, Magic Horses And Evil Eye』（94年）、『Dumbala Dumba』（98年）とアルバムを出し、3枚から選曲したベスト盤『タラフ・ドゥ・ハイドゥークス（Taraf de Haïdouks）』（99年）が日本盤でも出た。遅ればせながら、ぼくはこのベスト盤で初めて彼らの音楽に接して一発で虜になった。00年5月21日、日比谷

野外音楽堂で行なわれた「アルタン祭り」で、アイルランドを代表するグループ、紅一点のマレード・ニ・ウィニーを中心とするアルタン、スペインのバスク地方から来たケパ・フンケラとともに、タラフ・ドゥ・ハイドゥークスが演奏した。その終演後、原宿のアイリッシュ・パブで関係者による打ち上げが行なわれた。この日はちょうど、「アルタン祭り」を企画したプランクトンの社員、井内隆幸くんの誕生日だったので、お祝いしようということになり、タラフ・ドゥ・ハイドゥークスが演奏して、パシャラン（歯は総金歯）がお金を集め始めて、ヴァイオリンの弓にどっさり挟んでいった。そしてこのとき集めたお金は、井内くんにはまったく渡らずにすべてタラフ・ドゥ・ハイドゥークスが持ち帰ったのだった。

ファンファーレ・チョカリーア
Fanfare Ciocărlia

00年8月26日。初来日のファンファーレ・チョカリーア（Fanfare Ciocărlia）の集合写真を渋谷VUENOSで撮影した。後列右から4人めのクラリネットを持っている人が、リーダーのイオン・イヴァンチャ（Ioan Ivancea）。後列右から2人めのトランペットがチマイ（Costică'Cimai' Trifan）、後列右から5人めのトランペットがラドゥ（Radulescu 'Radu' Lazar）、後列右から6人めのサックスとクラリネットがオプリカ（Oprică Ivcancea）だ。彼らはどういう人たちだったのか、ラルフ・マルシャレック（Ralf Marschlleck）監督によるドキュメンタリー映画『炎のジプシーブラス地図にない村から』（02年）にしっかり描かれている。彼らが生まれ育ったのはルーマニア北東部、モルドヴァに近いゼチェ・プラジーニ（Zece Prăjini）という村。今ではグーグルマップにも記載されているが、辺境の寒村であることに変わりない。バルカン半島のジプシー・ブラスは、セルビア南部から北マケドニア（19年2月までは「マケドニア」という国名だった）にかけての一帯に数多く存在するが、ファンファーレ・チョカリーアだけ遠く離れた小さな村から出てきた感じだ。彼らが世に出るきっかけを作ったのは、ドイツ人のヘンリー・エルンスト（Henry Ernst）という人である。ヘンリーが外部の人にはまったく知られていなかったゼチェ・プラジーニ村に偶然たどり着いて、後にファンファーレ・チョカリーアの中心人物となるイオン・イヴァンチャに出会ったのは96年のことだった。当時、ゼチェ・プラジーニの楽師たちは、冠婚葬祭に呼ばれて演奏することを生業としていて、その都度メンバーを組んでいたのでバンドという概念はなかった。しかし彼らの音楽に感動して西欧に紹介するには、バンドにして、名前をつけ、CDを制作して、コンサートをブッキングするしかない。そのためにヘンリーは奔走して、もうひとりのドイツ人、ヘルムート（Helmut Neumann）も仲間に引き入れた。この展開は、ルーマニアのクレジャニ村で出会ったジプシーの楽師たちを、タラフ・ドゥ・ハイドゥークスとして西欧に紹介したベルギー人、ステファン・カロのケースとまったく同じだ。非西欧圏の素晴らしい音楽を"発見"して紹介した西欧のプロデューサーはけっこういるが、ヘンリー、ヘルムート、ス

テファンの3人はそういうレベルではない。3人ともルーマニアでジプシーの女性と結婚して、全人生を賭けて彼らと行動を共にしてきたのだ。ヘルムートの妻は、タラフ・ドゥ・ハイドゥークスのニコラエ・ネアクシュの孫娘で、ダンサーのアウレリア（Aurelia Sandu）。ファンファーレ・チョカリーアが00年に初来日したときは赤ちゃん連れだったことを思い出す。バルカン半島のジプシー・ブラスは、エミール・クストリッツァ（Emir Kusturica）監督の映画『アンダーグラウンド』（95年）に出たことがきっかけで広く知られるようになったボバン・マルコヴィッチ（Boban Markovic）をはじめ、彼以後のバンドが多数出演するグーチャ・トランペット・フェスティバル（Guca Trumpet Festival）を開催しているセルビアと、コチャニ・オーケスター（Kočani orkestar）の出身国で世界最大のジプシー居住区シュト・オリザリ（ŠutoOrizari）がある北マケドニアに多い。そんななか、ファンファーレ・チョカリーアは辺境の地から出てきて孤軍奮闘しているのだ。位置関係を踏まえて、ファンファーレ・チョカリーア VS ボバン＆マルコ・マルコヴィッチ・オーケスター『ジプシー・ブラス大決戦!!』（11年）を聴くと感慨深い。音楽的にバルカン半島のジプシー・ブラスすべてに共通しているのは、トルコから伝わったリズムを自分たちのルーツに根ざしたビートに置き換えて演奏しているということ。具体的には、マネア（Manea）、ホーラ（Hora）、シルバ（Sirba）など。YouTubeで「Fanfare Ciocărlia」にこれらのリズム名をつけて検索すれば聴くことができるので、ぜひ確かめてほしい。最新作『火星へGO!』（16年）もホーラの曲から始まる。これらのリズムはバルカン半島の他の地域のジプシー・ブラスのバンドでも聴くことができるが、北マケドニア、セルビアの一部、ブルガリアでは7分の11とか変拍子を好むエリアがあったりして地域性が出てくる。ルーマニアでは、ホーラとシルバに関しては4分の4拍子もしくは2拍子で変拍子にはならない。ファンファーレ・チョカリーアがフジロックなどのフェスとも相性が良く、スカと同じような文脈で評価されるのは、スピードの速さに加えてこういう音楽性が功を奏しているのだろう。イオン・イヴァンチャは06年に亡くなってしまったが、ファンファーレ・チョカリーアはその後も走り続けた。ファンファーレ・チョカリーアに限らず、ジプシーの楽師たちは、音楽を演奏することを、表現とかアートと考えているフシはまったくなく、あくまでもそれを生業としてやっている。そのため客が喜ぶことを第一に考えて、客が知っている曲を演奏しようとする。ヘンリーが96年に初めて彼らに会ったとき、アバやマイケル・ジャクソンの曲を演奏してくれてびっくりしたという。デューク・エリントンの〈キャラバン〉（05年の『ギリ・ガラブディ』に収録）とか、ステッペンウルフの〈ボーン・トゥ・ビー・ワイルド〉（07年の『クイーンズ＆キングス〜ワイルドで行こう』に収録）を演奏しているのも、そういうサービス精神の延長なのだ。結果的に、それが聴く側にとって新たな表現として伝わってくる。

Fanfare Ciocărlia 26 August 2000 Tokyo

București, Clejani, Skopje, Šuto Orizari, Kočani, Pristina, Kosova, Athína

VII.

Taraf de Haïdouks

00年5月に東京でタラフ・ドゥ・ハイドゥークス（Taraf de Haïdouks）に出会い、撮影できたことは幸運だった。タラフ・ドゥ・ハイドゥークスは、奏でている音楽が素晴らしいだけでなく、彼らが時代の変革の渦の中から飛び出してきた存在であることに、気持ちが大きく揺さぶられた。ジプシーといえども、パスポートやビザを取得しなくては外国に出て行くことはできない。ベルリンの壁の崩壊、チェコスロバキアのビロード革命、多くの血が流されながらも独裁者チャウシェスクが倒されたルーマニア革命という、89年11月から12月にかけて起こった歴史の転換を経て、ルーマニアのジプシー楽団、タラフ・ドゥ・ハイドゥークスは、パスポートと西欧の国のビザを取得できるようになり、その姿を現わしてきたのである。89年以前は、ジャンゴ・ラインハルトらによるジャズ・マヌーシュや、スペインのヒターノによるフラメンコなど、西欧圏に存在していたジプシーの音楽は知られていても、ルーマニアのジプシーの音楽に関しては知られることはなかった。ベルリンの壁が崩壊してジプシーの歌が聴こえてきた。このストーリーの詳細を知りたいと思った。

2000年12月11日

București

00年12月11日の午前。ぼくと妻はアエロフロートでブカレストに到着した。11年ぶりの再訪である。まずは両替。100USドルが256万レイで、空港から街へ向かう783番の路線バスがひとり1万レイだった。バスは統一広場（Piața Unirii）を目印に降りる。隣の座席にいた英語のできる女性に頼んで、バスの運転手に降りるところで教えてくれるようにと伝えてもらう。今回はあらかじめ泊まるホテルが決まっていた。統一広場のすぐ近くにあるハヌル・ルイ・マヌク（Hanul lui Manuc）。19世紀初頭に建てられたキャラバンサライを改装した木造のホテルで、中庭には幌馬車や古めかしい井戸がある。チェックインしようとしていたら、ちょうどミッシェル・ウィンター（Michel Winter）がやってきた。タラフ・ドゥ・ハイドゥークスのベルギー人マネジャーである。部屋がある3階へ上がると、階段の踊り場のところで休憩中のタラフのメンバーに出会った。みんなと握手して、部屋に荷物を置いて戻るとすでに、彼らは映像を撮影するためバー・ラウンジに入っていた。ぼくらも中に入ってみると、椅子やテーブルはすべて片づけられていて、黄色と黄緑の色ガラスの窓から午後の柔らかい光線が差し込んでいる。部屋の真ん中で、彼らは半円を描くように座っていた。タラフ・ドゥ・ハイドゥークスのメンバーは13人だが、この新曲に

参加するのはそのうち7人。他にマケドニア（19年2月から「北マケドニア」という国名になった）のコチャニ・オーケスター（Kočani Orkestar）のメンバーたち、ブルガリア人クラリネット奏者、フィリップ（Filip Simeonov）と、イスタンブールからきたダルブッカ奏者、タリク（Tarik Tuxsiszloglu）が加わり総勢18人で新曲を演奏していた。フィリップはすごいテクニックの持ち主のようだ。ベルギー人プロデューサー、ステファン・カロ（Stephane Karo）が以前、旅行中にどこかの結婚式で演奏しているところを見て、今回のために探し出したのだという。セッションを繰り返すうちに、しだいに曲の輪郭が見えてくる。タラフのアコーディオン奏者、イオニッツァ（Ionitsa Manole）がときどきコチャニに注文を出したりもするが、ステファン・カロが全体のアンサンブルをまとめていく。タラフ・ドゥ・ハイドゥークスが解する言葉は、ルーマニア語、ロマニ語（ジプシーの言葉）、メンバーによっては若干のフランス語と片言の英語。コチャニは、マケドニア語、ロマニ語、メンバーによっては若干のフランス語と片言の英語。タラフとコチャニはロマニ語で話そうとするのだが、方言の違いが案外大きくて通じたり通じなかったりするようだ。ステファン・カロはクレジャニ（Clejani）村のジプシーの女性と結婚していて、フランス語、英語のほか、ルーマニア語、ロマニ語を流暢に話す。ヴァイオリンとアコーディオンが前面に出るいかにもタラフっぽい演奏で始まり、途中でコチャニのタイコが一発入ると、コチャニのブラス、タラフのツィンバロム、そしてダルブッカが炸裂して怒涛のグルーヴが押し寄せてくる。同じ曲を何度も演奏しているが、最高にカッコ良い（この曲は、このときはまだタイトルさえ決まっていなかったが、01年に出た『バンド・オブ・ジプシーズ（Band of Gypsies）』に〈トルコ風（A La Turk）〉として収録された）。天井に照明がセットされ、大きなアンティークのシャンデリアに録音マイクが取り付けられている。リハーサルしているところを2枚撮ったところで、「今から本番なので、脇へ避けてください」とスタッフの女性に声をかけられた。本番が始まると、録音やカメラを担当するスタッフはちょっと緊張した厳しい表情になった。でも、それ以外のスタッフやミッシェル、ステファンたちは、ワインを飲んだり踊ったりしていた。何度かやり直して、そのカットはOKが出た。次はメンバーが丸く輪になって、その中心からぐるりと部屋全体を背景に撮影するシーンなので、出演者以外は全員、部屋の外に出された。監督をやっていたのは若い女性で「アリソン」と呼ばれていたが、彼女はトニー・ガトリフ（Tony Gatlif）監督の娘、エルザ・ダフマーニ（Elsa Dahmani）だった。このシーンに出演しないタ

Sniffing Glue

ラフのメンバーも一緒に外に出されたので、いったん部屋に戻り、来日したときに撮影した写真のプリントを持ってきてそれぞれに手渡した。みんなすごく嬉しそう。このとき72歳だったニコラエ・ネアクシュ（Nicolae Neacșu）は、アルタンのマレード・ニ・ウィニーにキスしている自分の写真がすごく気に入って、写真にチュッとキスしていた。やがて撮影が終了。この日はその後、ルーマニアのテレビに出演するとのこと。しかも時間がずいぶん押しているようで、バタバタと階段を降りて車に乗り込んでいた。ミッシェルによると、明日は朝9時からフランス・インスティテュート（Institut Français de Bucarest）でレコーディングするらしい。「ではまたあした！」と見送った。もう夕方の6時で、お腹もすいていたので、ぼくらは何か食べに行くことにした。ホテルから歩いて15分ほどの大学広場（Piața Universității）まで行って、照明が明るいセルフサービスの店、プラネット・ダイナーに入った。チキンのトマト煮とライス、ラザニア、フレッシュ・レモン・ジュース、コーラで19万レイ。帰り道、地下道のキオスクみたいな売店で地図を2種類買った。当時はグーグルマップなどないので、街に着いたらまず地図を買っていた。それから地下道を出て雑貨屋に入り、行列して水とビスケットとジュースを買った。店員は若い女性がふたりだったけれど、ふたりとも一瞬ぼくらを無視して後ろの客の注文を先に聞いていたので、ちょっとイヤな感じがした。ホテルに戻ってバスタブにお湯を入れてみたら、真っ茶色になった。かなり古いホテルなので水道管が老朽化しているのだろう。でも鉄分なんだし毒じゃないだろうと思って入浴。

2000年12月12日

București

　そして翌朝。大変なことが起こっていたことにやっと気がついた。昨夜出かけたときに背負っていたグレゴリーのデイパックの脇が刃物でざっくり切られていて、貴重品入れが抜き取られていたのだ。そこには、ふたり分のパスポート、帰りの航空券、主にUSドルと若干のDM（ドイツマルク）と円を合わせて25万円分ぐらいの現金、1400USドル分のアメリカン・エキスプレスのトラベラーズチェック（日本国内では2014年に終売した。若い人は、トラベラーズチェックを知らないかも）、クレジットカードなどが入っていた。写真の機材に損害はなく、別の場所に入れておいた1800USドル分ぐらいの現金と、もう1枚のクレジットカードがあるので野垂れ死ぬことはないが、大ピンチになった。しかしがっかりしている暇はな

い。まずは日本まで電話して盗られたクレジットカードを止める手続きをやり、ブカレストのアメリカン・エキスプレスに電話してトラベラーズチェックの再発行の手順を確かめ、パスポートの再発行に必要なものの確認のために日本大使館に電話した。アエロフロートの帰りのチケットをどうするかということも考えなくてはならない。ロビーでミッシェルにバッタリ出会った。「やあ、元気？」「実はきのう、貴重品を全部盗られたんです」「え！ こっちは危ないからね。気をつけた方がいいよ。今言っても手遅れだけど……」という会話。それから近所で買ったハンバーガーを食べてカプチーノを飲み、地下鉄に乗って日本大使館へ向かった。大使館に着くと、まず電話で話した佐藤参事官が現われて、盗られた状況を説明した。佐藤さんはこれから出かけなくてはいけないとのことで、日本語のできる職員、アントジェが手続きの手順を説明してくれた。パスポートは、証明書用の写真を予備に持ってきていたこともあり簡単に申請できた。翌々日には再発行されるという。問題はルーマニアの出国ビザを取る必要があること。盗られたのはパスポートだけでなく、そこに押してあったルーマニアのビザも失ったことになるからだ。これがかなりやっかいであることが判った。出国ビザを申請するためには、まずパスポートの盗難証明書を取らなくてはならない。そのためにはルーマニア語の通訳がいないと絶対に無理なので呼んでくれるという。日本大使館でしばらく待たせてもらっていると、午後2時ごろ通訳の男性が登場した。「いやぁ、すみません。急だったものでこんな格好で……」完璧な日本語で挨拶されてびっくり。彼は、ヴァシレ・アンドレスク（Vasile Andreescu）という。彼の車、ダーチャ（Dacia　ルノーと提携しているルーマニア製乗用車）に乗せてもらってさっそく警察署へ行く。ダーチャには、野球のバットが積んであった。護身用とのことだ。ここからが想像を絶する大変さだった。警察による尋問が始まった。担当の人はルーマニア語で微に入り細に入り聞いてくる。ぼくと妻の住所、氏名、生年月日、職業に加えて、それぞれの両親ひとりひとりについて、出身地、髪の毛の色、瞳の色などを尋ねられ、どういう目的でルーマニアに来たかという話になり、やっと、いつどこで何を盗られたのかという話にたどり着く。その一部始終をこちら側がルーマニア語で調書に書かなくてはならない決まりになっていた。ヴァシレが通訳しつつ、かなりの長文を書いてくれた。そして最後に、警察が捜査することを希望するかと聞いてくる。ぼくは捜査しなくて良いと答える。なぜなら、捜査を希望すれば、犯人の手配写真を見たり、容疑者の面通しをしたりしなくてはいけない。そうするといつまで滞在を強いられるのか見当もつかないと

いう。そもそも犯人の顔など見ていないのに。ここまでで3時間を要した。主要目的は不法入国者かどうかの調査だとしか思えない。日本人ならそんなことないだろうという発想はまったくなさそう。ともあれ翌々日の朝、盗難証明書を発行してくれるという。ヴァシレがいなかったらとうていできる作業ではなかった。しかもボランティアだからとお金を受け取ってくれなかった。「明後日の朝、ホテルに迎えに行きます」と言って、ヴァシレは去って行った。

2000年12月13日
București

12月13日。ブカレスト北駅（Gara București Nord）の方に行ってみた。午前中の斜光に照らされている路上を、トロリーバスが走っていき、野良犬がとぼとぼ歩いていた。駅前の広場を突っ切ったところにある排気口の上で、マンホールの中に住んでいるホームレスと思われる少年がシンナーを吸っていた。ぼくは声をかけて、格好つけてるところを写真に撮った。駐めてある車の盗難防止装置の音があちこちで鳴っていた。感度を高く設定しているのか、ちょっと誰かが近づくだけですぐ鳴るようである。ルーマニアは民主化によって物が豊かになったかわりに貧富の差が拡大して治安が悪化したと聞いていた。確かにそういう気配を感じる。ぶらぶら歩いて、カフェで昼食。コーラを飲みながら豚肉のシュニッツェルを食べた。それからタラフ・ドゥ・ハイドゥークスらがリハーサルとレコーディングを行なっているフランス・インスティテュートに立ち寄ってみた。タラフのメンバーはレストランで休憩しているところだった。アコーディオンのマリウス（Marin "Marius" Manole）が、雑誌や新聞に掲載されたタラフの記事をまとめたファイルを見せてくれた。写真を見ながら「これは僕のパパだよ」とか「これは僕のファミリーなんだよ」と説明してくれる。サリー・ポッター監督の映画『耳に残るは君の歌声』（00年）でタラフと共演したジョニー・デップの写真を指さして「これは僕の友達」と言う。ジョニー・デップは機会あるごとにタラフの素晴らしさを説いていて、どちらかといえばジョニー・デップのほうがタラフをリスペクトしていた。それでも、さりげなくジョニー・デップを友達だと言うと受けると知っていて、努めてさりげなく言ってくるところが面白い。歌とヴァイオリンのパシャラン（Pasalan Giuclea）もやってきて「これはオレ。あっ、これもオレ」と、自分の写真を見つけるたびに指さしていた。そして「ビールをおごってよ」と言うのでビールをおごる。パシャランは、ポパイに出てくるウインピーみたいに、いつも「ビールおごってよ」

とか「煙草ちょうだい」と言っている。ケチを貫いて家を建てて、歯をすべて金歯にしていた。レストランにピアノがあったので、マリウスが弾き始めた。するとパシャランがピアノの側にやってきて大声で歌い始めた。マリウスはパシャランの大きく突き出ているお腹を指さして「スモウ、スモウ」と言って、みんなで大笑いした。クラムド・ディスクのいつもクールなスタッフ、クロエという女性も「ブハハハハ」と思いっきり吹き出していた。帰りはマリウスが車でホテルまで送ってくれた。彼らはこのところ毎日クレジャニ村からブカレストに出てきていた。移動はクラムド・ディスクが手配した専属の白タクみたいな車を使っている。車中で、携帯電話で誰かと話していたマリウスが「ちょっと待って、日本から来たジャーナリストがいるから」と言って、いきなり受話器を渡してきた。相手は英語が通じる女性で、ぼくは「ハ〜イ！日本から来たフォトグラファーです。マリウスたちは日本でも人気ありますよ」と、ちょっと盛って話した。マリウスは、外国からジャーナリストも来るし、俺もいろいろ大変なんだよとカッコつけたかったのである。夕食は、近所でピザを買ってきて済ませた。お風呂は相変わらず真っ茶色だ。夜中の3時ごろ、タラフ・ドゥ・ハイドゥークスの来日公演を手がけたプロモーター、プランクトンの川島恵子さんと、音楽評論家の松山晋也さんが空港からタクシーで到着した。飛行機が遅れたのだという。ホテル、ハヌル・ルイ・マヌクのロビーで深夜のミーティング。ぼくはちょっと火照った気持ちになっていて、この日までに起こった出来事を、ぶわーと話した。

2000年12月14日
București

12月14日。ホテルのロビーで待っていると朝9時に通訳のヴァシレが来てくれた。まずダーチャに乗って警察に行き、盗難証明書を受け取った。それから日本大使館に行って再発行されたパスポートを受け取った。再発行代はひとりにつき192万レイ。写真のところには日本から持参した証明用のモノクロ写真の現物を貼り、割り印を押した上にラミネートフィルムを貼ってある。発行官庁のところは「EMBASSY OF JAPAN IN ROMANIA」と印字してあり、普通は機械で読み取るためのバーコードが付いているところに「THIS JAPANESE PASSPORT IS NOT MACHIN READABLE」と印刷してある。偽物っぽいけど、もちろん本物だ。このパスポートでその後、アフガニスタンにも行ったし、ハイチからカナダに入国しようとしたときには怪しまれて尋問され、乗り継ぎの飛行機が行って

Taraf de Haïdouks at Sala Arcub Hall

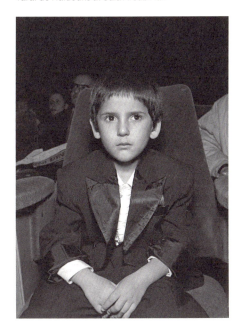

Aurelia Sandu

Kočani Orkestar in Hanul lui Manuc

しまったことがあった。05年にジャマイカに行くとき、ぼくのルーマニア発給のパスポートはバーコードが付いていないからアメリカに入国できないと成田で言われ、荷物を持ったまま急いで都庁に行き、その場で新しいパスポートを作ってもらって翌日出国できるということも起こった。その一件で、このパスポートはお役御免となった。再発行の手続きをしている間に、ルーマニア人の女性が3人、日本のビザを申請しにきた。やりとりを見ていたヴァシレによれば、彼女たちは「私はダンサーで日本から招待されている」と言っているとのこと。次は新しいパスポートを持ってルーマニアの出国ビザを申請しに行く。これがまた大変だった。まず指定された銀行へ行って3万レイと12万5000レイを支払って、日本の収入印紙みたいな役割をするレシートのようなものを受け取る。再発行されたパスポートと盗難証明書とそのレシートのようなものを持って申請所に行き、ヴァシレに助けてもらいながらルーマニア語で書いてある申請用紙に記入して提出した。受付が終了する午後1時にギリギリ間に合った。係官に「明日10時以降、取りにくるように」と言われる。ここでやっと一息。ヴァシレとプラネット・ダイナーに行って、ランチを食べながらいろいろ話した。ヴァシレはこのとき26歳で、94年に日本の上智大学に留学していた。その後4回日本に来ているという。ルーマニア語、日本語だけでなく、英語、フランス語、イタリア語、デンマーク語、ギリシャ語、スペイン語も話せるという。ルーマニア革命の直後、90年の1月初頭にブカレストの街のいたるところで流れ出したカオマの〈ランバダ〉は、同年夏ぐらいまでよく流れていたそうだ。そのうちシャネルの偽物のTシャツが出回ったりするようになったりして、西側への幻想が薄らいでいったのだと言う。

この日は、いよいよタラフ・ドゥ・ハイドゥークスのブカレスト公演の初日だ。会場は、大学広場に面して建っているブカレスト随一の高級ホテル、インターコンチネンタルの脇の道を入り、アメリカ大使館のすぐ目の前という一等地にあるサラ・アルクブ・ホール（Sala Arcub Hall）である。客席にはゆったりした肘掛けのついたビロード張りの椅子が並んでいるためキャパは350人ほどだが、ステージは十分大きくて天井も高い。ロビーなど付帯施設にも広いスペースを使っていて、なかなか格調高い雰囲気を醸し出している。コンサートのポスターと関係者のパスには、来日時にぼくが撮影した集合写真が使われていた。夜8時に開演。タラフ・ドゥ・ハイドゥークスだけの演奏から始まった。客席の前のほうは、クレジャニ村から総出でやってきたメンバーの家族たちが陣取っていた。みんなこの日のためにお洒落していて、スーツを着

込んでいる子供もいる。官能的なダンサーであり、ファンファーレ・チォカリーア（Fanfare Ciocărlia）のドイツ人マネージャー、ヘルムートの妻であり、ニコラエ・ネアクシュの孫娘でもあるアウレリア（Aurelia Sandu）も来ていた。タラフ・ドゥ・ハイドゥークスは、ステファン・カロとミッシェル・ウィンターに率いられてヨーロッパ各地を何度もツアーしていたが、これほど客席に身内が揃ったコンサートは初めて。誰もがサラ・アルクブ・ホールでコンサートを行なうことを誇らしいと思っているようだった。ヨーロッパからは、クラムド・ディスクの関係者、ビデオ・クルー、20人ぐらい音楽ジャーナリストが来ていた。何曲めかでコチャニ・オーケスターと、ブルガリア人クラリネット奏者のフィリップ、トルコ人ダルブッカ奏者のタリクが加わって、ハヌル・ルイ・マスクに着いたとき早々に聴いた新曲を演奏した。これは本当にカッコ良い曲だ。ルーマニアとマケドニアとブルガリアとトルコのジプシーによる混成楽団がこの数日間で練り上げた曲だが、彼らが元々深いところで繋がっていたことを示しているかのようだった。ライヴ・レコーディングも行なっていた。みんな楽しそうに踊っていたが、アウレリアは観客のひとりとしてゆるく踊っているだけでもひときわ華があった。途中で休憩が入って、第2部はコチャニ・オーケスターの公演になった。終了したのは夜12時ごろ。それからレストランで打ち上げ。パスタとワイン、デザートのアップルパイみたいなものが美味しかった。歌とヴァイオリンのコスティカ（Constantin "Costica" Lautaru）が感極まった顔で「ファミリア、ファミリア」と言って、凱旋コンサートが実現したことを喜んでいた姿が印象的だった。

2000年12月15日

București

12月15日。午前中にハヌル・ルイ・マスクの中庭の古びた井戸の周りで、コチャニ・オーケスターのグループ・ショットを撮影した。それからタクシーでビザの申請所に行き、出国ビザのスタンプがしっかり押してあるパスポートを回収することができた。前日は機嫌が悪そうに見えた係官のおじさんが妙に愛想良くなっていて、ジェスチャーをまじえて「剣術を知っているか」と聞いてきた。タクシーでロマーナ広場（Piața Romana）まで行き、マゲル通り（Bulevardul General Gheorghe Magheru）沿いにあるマルシャル・トゥーリズム（Marshal Turism）で1400USドル分のアメリカン・エキスプレスのトラベラーズチェックを再発行してもらった。手続きは拍子抜けするほど簡単だった。残っている現金が1800USドル分ぐ

らいあるし、なるべくクレジットカードで支払うようにすれば、お金は足りるだろう。これで旅行を続行することができる。残された問題は、盗難されたアエロフロートの帰りのチケットだ。それは今回の旅行の最終目的地となるギリシャのアテネから日本までとなっているのだが、はたして再発行してもらえるかどうか。格安航空券なので難しそうだとは思っていたが、ブカレストのアエロフロートの事務所ではやはり埒があかない。後日、アテネで交渉するしかないようだ。

　地下鉄でホテル、ハヌル・ルイ・マヌクに戻ると、記者会見はすでに終わっていて、ブリーフィングが始まっていた。ヨーロッパ各地からやってきた記者らを前に、ミッシェル・ウィンターが喋っていた。「ブカレストで新しいアルバムを録音したかった。10年間、タラフ・ドゥ・ハイドゥークスと行動を共にしてきましたが、彼らは自国では認識されていないのです。多くのルーマニア人とルーマニアの機関にとって、彼らは単にジプシーであり、公式のルーマニア文化を表わすものではありません。しかし彼らは、貪欲に折衷的な音楽を作っています。ルーマニア音楽は、ジプシー音楽がなければもっとつまらなくなるでしょう」。ミッシェルは英語で話すときは「ジプシー」と言う。タラフのメンバーたちは、自分たちのことをルーマニア語で「ツィガーニ（Ṭigani）」と言う。「ジプシー」も「ツィガーニ」も差別的な使われ方をすることが多いので、世界各地のジプシーをロマニ語で人間を意味する「ロマ」と総称しようという動きもあるが、この地域のジプシーが「ロマ」と自称することはない。すでに一般化している「ジプシー」や「ツィガーニ」を使って、その意味をポジティヴに変えていこうとしていた。この日の記者会見は、英語だけでなく、フランス語、ルーマニア語が飛び交うので、川島恵子さんがヴァシレに通訳を依頼した。今までボランティアで助けてくれたので、仕事になってよかった。ブリーフィングが終わったら、みんなでぞろぞろ街を歩いてレストランに移動した。赤ワインを飲みながら食事を始めたところで、カリウ（Caliu Gheorghe）がヴァイオリンを弾き、マリウスがアコーディオンを弾き始めた。最小単位のタラフ・ドゥ・ハイドゥークスだが、とても良い雰囲気だ。このときの映像がDVD『タラフの果てしなき冒険』に出てくる。そこにわれわれ4人の日本人とヴァシレもちらりと写っていた。レストランを出て再びみんなで街を歩いてホテルに戻るとき、フランス人の女性ジャーナリストから日本語で話しかけられた。西アフリカの音楽やルーツ・レゲエの研究をしているエレン・リー（Helene Lee）だった。彼女の著書『アフリカン・ロッカーズ　ワールド・ビート・ドキュメント（Rockers d'Afrique）』（88年。邦

訳本は92年）は読んでいたし、この後に出た『ルーツ・オヴ・レゲエ　最初のラスタ　レナード・ハウエルの生涯（Le premier Rasta）』（99年。邦訳本は03年）の邦訳本では、ぼくが82年にジャマイカで撮影したラスタマンの写真が表紙に使われた。エレン・リーは京都に住んでいた時期があって日本語を喋るということも知っていたが、まさかルーマニアで会うとは思ってもみなかったので驚いた。夜はまた、サラ・アルクブ・ホールで、タラフ・ドゥ・ハイドゥークス、コチャニ・オーケスター、ブルガリア人クラリネット奏者のフィリップ、トルコ人ダルブッカ奏者のタリクによるコンサート。フィリップはクラリネットを吹きながら分解して、マウスピースだけで吹くところまでいき、吹きながらこんどは組み立てていくという芸人ぶりも披露した。前日と同じく、この日もみんな盛り上がって踊り続けていた。タラフ・ドゥ・ハイドゥークスのブカレストでの2日間のライヴは特別な意味を持っていた。クレジャニ村からブカレストへのわずか40キロの道のりに10年の歳月が費やされたのだ。その感慨がひとしおだったことは傍目にもよく判った。

2000年12月16日
Clejani

　12月16日。ホテルで朝食を済ませた後、中庭に待機していたマイクロバス3台にクラムド・ディスクのスタッフと各国から来たジャーナリストが分乗してクレジャニ村へと向かった。ぼくらが乗ったマイクロバスには、プロデューサーのステファン・カロが家族で乗っていた。妻はマルガ（Marga Manole）、アコーディオン奏者イオニッツァの妹なのだそう。ステファンは背が高く痩せていて、普段はポワーンとしている。ベルギー人だけど、ほとんどルーマニアのジプシーに同化しているように見える。マイクロバスは、ブカレストから南に向かう国道6号線を40分ほど走ったところでガソリンスタンドのT字路を右折する。そして埃っぽい道を15分ほどガタゴト走ると、4つめの村がクレジャニ村だった。ブカレストは人口230万人の大都市で、バルカンの小パリとも言われているが、そこから突然、クレジャニ村にやってくると、もう完全に別世界である。トニー・ガトリフ監督の映画『ラッチョ・ドローム』で描かれている寒村が、まさにそこにあった。村の集会所の前にマイクロバスが到着してわれわれはぞろぞろ降りた。小さな村に団体で乗り込むのは奇妙な感じだ。お婆さんがふたり、何事かという顔でこちらを見ていた。さてどうしたものかという体でちょっと待っていると、道の向こうの方からトラクターに引っ張られた台車に乗ったタラフ・ドゥ・ハイドゥークスが演奏しながら近づ

Taraf de Haïdouks in Clejani Village

いてきた。ぼくは走って近づき、夢中になってたくさん写真を撮った。これは内緒で仕込まれていた演出で、ぼくも知らされていなかったのだが、いつでもどこでも演奏してしまう彼ららしい姿である。このとき撮影した写真は『バンド・オブ・ジプシーズ（Band of Gypsies）』（01年）のアメリカ盤（ノンサッチ）と日本盤（ワーナー）のジャケットに使われた。ヨーロッパ盤（クラムド・ディスク）は違うデザインで、00年5月に日本で撮影した集合写真が使われた。クレジャニ村は人口3000人。来るまでは住人のほとんどがジプシーなのかと思っていたが、ジプシーは半分弱で、残りはルーマニア人だという。ただルーマニア人といってもブカレストのルーマニア人とは違っていてかなり田舎者っぽい。近隣の村にも高い割合でジプシーが住んでいて、村によってジプシーの職業が決まっている。クレジャニ村のジプシーは、楽師か大工なのだそう。タラフ・ドゥ・ハイドゥークスのメンバー、13人のうち11人がクレジャニ村に住んでいる。小さな村なので、歩いていける範囲にみんなの家があるようだ。ヨーロッパ各国からのジャーナリスト20人ほどとわれわれ日本人チームがこの場に集まっていたが、なぜかカメラマンはぼくだけだった。この場でいきなり、イギリスのワールド・ミュージック雑誌『Songlines』から写真を依頼された。ぼくはミッシェル・ウィンターに良い撮影場所を知っているかと尋ねた。しかし「どこでも絵になるよ」などとまったく参考にならない意見しか言わないので、あわてて近所をロケハンした。縦位置で使える大所帯のグループ・ショットをうまく撮れる場所を見つけるのは大変かと思ったが、バックが良い感じに民家が入ってくる裏庭を見つけた。ヴァイオリンを持っているニコラエ・ネアクシュを中心に、アコーディオンを弾いているイオニッツァ、駅弁売りのような格好でツィンバロムを叩いているカクリカ（Dumitru "Cacurica" Baicu）、コントラバスを弾いているヴィオレル（Viorel Vlad）を取り巻くように配置して、さらに後ろに、ヴァイオリンを持ったパシャランとコスティカ、ギターを持ったイリエ（Ilie Iorga）、90年代まではタラフの中心的な役割を果たしていた長老のひとり、イオン・マノレ（Ion Manole）に立ってもらって写真を撮った。使用したカメラはニュー・マミヤ6を2台。両方とも50mmのレンズをつけて、片方にモノクロ、もう片方にはカラー・ポジを入れていた。そのカラー・ポジの写真が『Songlines』No.10 Spring/Summer 2001の表紙になった。この後は各自自由行動になり、日本人チームはまず、ニコラエ・ネアクシュの家を訪ねた。思いのほか粗末な家屋である。玄関を入ると、右側に小さなキッチンがあり、左側に4畳半ぐらいのベッドルームがあるだ

けだ。壁には、最後の晩餐の絵が描かれている絨毯みたいな織物の壁掛けと、写真が数枚飾られている。金目のものは商売道具のヴァイオリン以外にはラジカセしかない。タラフ・ドゥ・ハイドゥークスのCDすらなく、そもそもCDを再生できるプレーヤーがない。ツアーで外国に出ていることが多いとはいえ、質素なひとり暮らしのようである。ベッドに座ってヴァイオリンを弾いているところを撮らせてもらったのだが、ここで寝起きするのが寂しいことなのか、あるいは近所の人たちに支えられながら楽しく生きているのか、見当がつかなかった。昼が近づいてくると、みんなぞろぞろと集会所に集まってきた。タラフ・ドゥ・ハイドゥークスとコチャニ・オーケスターのメンバーと、クラムド・ディスク関係者とヨーロッパの音楽ジャーナリストたちと日本人チームからなる団体がそろってランチ。チキンとサラダとパン、ビールにワインが並べられた。このときぼくはイオン・マノレの隣の席に座っていた。アコーディオンのマリウスの父で、3年前まではタラフ・ドゥ・ハイドゥークスの長老格のメンバーだったが、耳が遠くなってしまったため脱退を余儀なくされたのだという。90年代の録音からのベスト盤『タラフ・ドゥ・ハイドゥークス』（99年）には彼が歌ってヴァイオリンを弾いている曲が3曲収録されている。CDの外側の箱をはずすと見えるジャケット写真で、いちばん手前に大きく写っていることからも、彼が主要メンバーだったことが窺える。耳が遠くなってしまったのなら脱退はしかたないことかもしれない。しかしクレジャニ村のラウターリ（ジプシーの楽師）でタラフのメンバーからはずれるとは、収入がほとんど途絶えるということを意味している。それがどういうことなのか、翌日、知ることになる。ランチの後はセッション・タイムになった。こういうとき、いつも真っ先に演奏を始めるのは、ヴァイオリンのカリウとアコーディオンのマリウスだ。ふたりとも40台前半でタラフの中核を担っていた。このふたりにコントラバスのヴィオレルとヴァイオリンのパシャランが加わり、いつのまにか集まっていた村人たちが踊り出していた。当時17歳だったカリウの息子、ロベルト（Robert Gheorghe）もヴァイオリンで加わっている（ロベルトは後に、タラフ・ドゥ・ハイドゥークスのメンバーになった）。ひと段落したところで、アコーディオンと歌のマリン・マノレ（Marin P. Manole）の家を訪問して、コーヒーとリンゴをいただいた。イオニッツァの父で、顔もイオニッツァにそっくり。歳はふたまわり違うが兄のように見える。89年12月21日から24日にかけて、ブカレストでは、チャウシェスクに抗議するデモに参加していた群衆に向けて銃撃が加えられ、多数の市民が亡くなった。マリン・マノレの父は、なんと、そのとき命を

Tarik Tuxsiszloglu(Darbuka), Ionitsa and his son(Accordion)

Caliu(Violin), Marius(Accordion), Viorel Vlad(Contrabass)

Isamail Saliev(Saxophone), Kočani Orkestar

Deladin Demirov(Clarinet), Zlate Nikolov(Accordion)

落としたのだという。再び集会所に戻ると、今度はイオニッツァの3歳の息子が、キーが1オクターブ半しかないかわいいアコーディオンを弾いていた。このころには集会所は村人たちであふれかえっていた。コチャニ・オーケスターは、ひとりひとりが奔放なタラフとは違って、サックスでリーダーのイスマイル・サリエフ（Ismail Saliev）の元に結束している。しばらく自重していたが、次は俺たちの番だという感じで、コチャニ・オーケスターも演奏を始めた。クレジャニ村の人々にとって、コチャニの音楽は異文化であるはずだが、分け隔てなく盛り上がっていた。踊っている村の女性はとりわけ、本物だから当然なのかもしれないが、漠然とイメージしていたジプシーそのもので素晴らしい。いかにもクレジャニ村という情景だった。村人とはまったく言葉が通じないので、ロマニ語の「バフタロー（Baxtalo　ラッキー。ハッピー。乾杯）」と「ミシトー（Misito　良い）」、ガイドブックに書いてあったルーマニア語「ムーツメスク（Mulţumesc　ありがとう）」ばかり繰り返していた。そしてお開きの時間になった。われわれ団体はマイクロバスにぞろぞろと乗り込んだ。一番後ろの席に座ったら、後ろからコツコツとガラスを叩く音がするので振り返ると、村の子供がニコニコしながら手を振っていた。

2000年12月17日

Clejani

12月17日、ぼくたちと、川島恵子さん、松山晋也さんで、早朝から再びクレジャニ村を訪ねた。この日は団体ではなく、通訳のヴァシレ・アンドレエスクの弟、レオナルド・アンドレエスクに車を出してもらった。彼の車もルーマニア製のダーチャだ。新車で3000ドルだそう。レオナルドは「ジプシーは泥棒だし、ジプシーは迷惑を考えないで大騒ぎする」と言った。これはブカレストに住んでいる者としての素朴な実感のようだが、少し人種差別的なニュアンスを含んでいると感じなくもない。しかし彼はクレジャニ村の存在を知らなかったし、彼が言うにはブカレストからわずか40キロの場所にこのジプシーの村があることをルーマニア人で知っている人はまずいないとのこと。そもそも接点がないようなのだ。トニー・ガトリフ監督の映画『ガッジョ・ディーロ（Gadjo Dilo）』（98年）は、ロマニ語で「愚かなよそ者」という意味のタイトルだが、ジプシーの村にやって来た主人公のフランス人は、初めは泥棒ではないかとジプシーたちから疑われる。自分たちと異なる人を見て泥棒と疑うのは人間の性のようなものかもしれない。団体で訪ねた前日のクレジャニ村は、集会所でセッションが行なわれたりして特別な日

だったが、この日は、いつもの静かな日常に戻っている。2頭立ての荷馬車がゆっくりと通りすぎていった。まずはアコーディオンのマリウスの家を訪ねた。クレジャニ村にぽつんと1棟だけ建っている3階建ての団地みたいな外観の建物にある部屋だ。いきなりドカドカ入っていく。そして家族の写真を撮らせてもらった。マリウスは眠そうな顔をしてアコーディオンを弾いている。朝日が射し込む部屋で、奥さんと7人の子供たちに並んでもらった。ジプシーは何よりも家族を大切にする。奥さんのお腹には8人めの子供がいるそうだ。続けてマリウスと連れだってヴァイオリンのカリウの家に行く。この日早朝に訪ねたのは、ブカレストでタラフのレコーディングがあるので、出かける前に写真を撮らせてもらうためだった。でもカリウの家では、ご飯が出てきてしまった。グリルド・チキンとチーズとパンとコーヒー。かなり美味しい。朝からしっかり食べている最中に、クラムド・ディスクが差し回した迎えの車（これもダーチャ）がやってきて、マリウスとカリウはブカレストに出発していった。次はマリウスの父、イオン・マノレの家に行った。典型的なジプシーの家。狭い一軒家だ。でも、これまでに訪ねたタラフ・ドゥ・ハイドゥークスのメンバーの家とはちょっと様子が違う。彼は、コーヒーすら出せないことを詫びた。初めは意味が判らなかったのだが、どうやら、タラフのメンバーをはずれてから本当に貧しい生活を送っているようなのだ。壁には古い家族の写真が飾られていた。アコーディオンを抱えている6〜7歳の子供も写っている。それがマリウスなのかと思ったら、マリウスはその脇に写っている3歳ぐらいの子で、アコーディオンを抱えていたのはマリウスの兄、ゲオルゲ（Gheorghe Manole）だった。ゲオルゲは、80年代の一時期、タラフ・ドゥ・ハイドゥークスの前身、タラフ・ディン・クレジャニ（Taraf din Clejani）のメンバーだったが、ブカレストに出て就職するため脱退した。しかし今は失業して、クレジャニ村に戻ってきているのだという。そのゲオルゲがアコーディオンを携えてやってきた。ふたりの話から、現在のタラフ・ドゥ・ハイドゥークスのメンバーとは違って困窮している様子がひしひしと伝わってきた。DVD『タラフ・ドゥ・ハイドゥークス』（96年。日本盤は00年）のなかで、歌とツィンバロムのカクリカが、「もういい歳だろ」とミッシェルに言われて、「何だって！ そんな……もう、わしなんてお払い箱ってことかい？ 泣きながら物乞いするなんて真っ平だよ」とあわてて喋るシーンがあったことを思い出した。現状はかなり過酷なようだ。しかし音楽では負けていないということを伝えたかったのだろう、家の外でふたりが演奏を披露してくれた。それがなんとも素晴らしい。犬はじっと耳を傾け

Gheorghe Manole(Accordion), Ion Manole(Violin)

ていたし、近くにいた魔法使いのお婆さんみたいな村人が踊り出したのだった。

この後、川島恵子さん、松山晋也さんは、レオナルドのダーチャでブカレストに戻り、ぼくらはクレジャニ村に留まって歩きまわった。村の案内役にカリウの従兄弟、ジョルジェがついてくれることになった。会話は片言の英語とジェスチャーだ。村の中を散歩。途中ジョルジェ宅へ。奥さんと子供が4人。小さいけれど明るくて暖かくてなかなかイイ感じの家庭だ。男の子が手に持っていた小さい紙切れを見せてくれた。それは前日、村の集会所で妻がカタカナでその子の名前「ルジィ」と書いたものだった。ただの紙切れなのにとても大事そうにしていた。妻がその子の顔を見ながら「ルジィ」と声に出して読んだら、すごくうれしそうにニコニコしていた。村にはカフェがあり、昼間からお酒を飲んでいる人たちがいた。ここに来るのはほとんど、人の良いルーマニア人である。トニー・ガトリフの映画『ガッジョ・ディーロ』は、ルーマニアのジプシーの村らしき場所に、ジプシーの歌手を探しにステファンというフランス人がやって来る物語だ。これはベルギー人のステファン・カロがルーマニアのクレジャニ村にラウターリを探しに来た実話を彷彿させる。『ガッジョ・ディーロ』の主人公が村のジプシーの女性と結ばれる展開も、ステファン・カロがクレジャニ村のジプシーの女性と結婚したことを思い出させる。しかし『ガッジョ・ディーロ』で描かれた村と、クレジャニ村では決定的に異なるところがある。『ガッジョ・ディーロ』にルーマニア人が集まる酒場が出てくる。そこは規模はもう少し大きいけど、このクレジャニ村のカフェと、カウンターの周りのデザインや、中折れ帽を被っているジプシーに対してロシア帽を被ることを好むルーマニア人の雰囲気の違いとかそっくりに描かれている。ただし『ガッジョ・ディーロ』の酒場のルーマニア人はジプシーに対してあからさまに差別的で、彼らはジプシーの家々を焼き討ちにしてしまうのだ。ジプシーの家々をルーマニア人が焼き討ちにしてしまうヘイトクライムは実際に何度も起こっている。しかし幸い、クレジャニ村では、ジプシーとルーマニア人は穏やかに共存しているように見えた。カフェのお客さんのひとりが、新聞紙に包んだコーヴリッジ（covrigi）という輪になった塩味のプレッツェルみたいなパンと、ショリック（şoric）という豚の皮を乾燥させたものを分けてくれた。ショリックはクリスマス・シーズンに各家庭で作る食べ物だそう。塩味で歯ごたえがあった。

村人とは言葉が通じないけど、写真は気軽に撮らせてもらえて、お金を請求されることもなかった。ジプシーはガッジョ（よそ者）を簡単に寄せつけないものだと思って

いたのだが、ぼくらがタラフ・ドゥ・ハイドゥークスの関係者と知っているから気を許してくれたのか、クレジャニ村のジプシーは元々素朴だったからなのか判断できない。村人は、ジプシーとルーマニア人ははっきり別れているという。しかしぼくには、外観を見て、ジプシーとルーマニア人を見分けることができない。タラフ・ドゥ・ハイドゥークスのイオニッツァのように肌が白いジプシーもいるからだ。現地の人がはっきり見分けられるというのは、ひとりひとりがどちらのコミュニティに属しているかを知っているからだろう。イアン・ハンコック（Ian Hancock）が87年から97年までに書いた本と論文を水谷驍が翻訳して独自にまとめた本『ジプシー差別の歴史と構造 パーリア・シンドローム』（05年）に、ワラキア（クレジャニ村を含む現在のルーマニア南部）と、モルドヴァ（現在のルーマニア北東部と現在のモルドヴァ）で、ジプシーが奴隷として扱われていた時代、1839年にバルカン半島を旅したフランス人ジャーナリストの日記から引用した話としてこのような記述が出てくる。「夜になると主人は美しい娘から好きなのを選ぶ。お客にひとりを差し出すこともある――こうして肌の白いブロンドのジプシー娘が生まれる」。これにイアン・ハンコックが解説を加える。「このような交わりによって生まれた歓迎されざる子どもは、自動的に奴隷とされた。（中略）このような乱交こそが、今日、明るい肌色のジプシーが数多く見出されるおもな原因だった。（中略）ジプシーにおける白人遺伝子の平均混入率を六〇パーセントと推計している」。一方で、肌が浅黒い、いかにもジプシーらしい村人も多い。タラフ・ドゥ・ハイドゥークスのコスティカのように、インドにルーツがあると思われる顔立ちの人もいた。

ジプシーとは、どのような人なのか。広辞苑第四版ではこのように書かれていた。「インド西北部が発祥の地といわれ、六～七世紀から移動し始めて、今日ではヨーロッパ諸国・西アジア・北アフリカ・アメリカ合衆国に広く分布する民族。言語はインド-イラン語系のロマニ語を主体とし、髪は黒く皮膚の色は黄褐色またはオリーブ色。移動生活を続けるジプシーは、動物の曲芸・占い術・手工芸品製作・音楽などの独特な伝統を維持している。転じて、放浪生活をする人々」。これは正しい記述と言えるだろうか。「髪は黒く皮膚の色は黄褐色またはオリーブ色」というのが必ずしもそうではないことが判り、広辞苑第五版では削除された。「インド西北部が発祥の地」というのも、1980年代以後の研究で、必ずしもそうではなく、15世紀のヨーロッパで資本主義が勃興し、封建制が解体される過程ではじき出された下層民がジプシーになったのではないかという仮説が出てきたりした。「転

Romanians in Clejani village

Georges' daughter

じて、放浪生活をする人々」というのは比喩の例としてあげているが、そこには、ジプシー＝流浪の民、というステロタイプな見方が前提としてあると感じる。ジプシーは多様だ。クレジャニ村を含む現在のルーマニア南部、ワラキアのジプシーに関して言えば、14世紀の段階で奴隷として扱われ始め、オスマン帝国の支配が続くなか、1864年に奴隷制が廃止されるまで、逃亡奴隷として生き延びたごく一部の人を除いて、ジプシーが自由に放浪することなどできなかった。そしてちょうどワラキアでジプシーの奴隷制が廃止されたころ、19世紀半ばから、バルカン半島のジプシーの多くが、西ヨーロッパやアメリカへと移動していった。ジプシー＝流浪の民、というステロタイプな見方はこの時代に広まったのだと思うが、クレジャニ村を含むワラキアのジプシーたちは、奴隷制が廃止された後も留まり、定住し続けたわけである。

タラフ・ドゥ・ハイドゥークスのメンバーを含むクレジャニ村のジプシーは、何世代にもわたって定住し続けてきたと思われる。タラフ・ドゥ・ハイドゥークスを発掘したステファン・カロは、88年に出たフランスのオコラ（Ocora）盤『Roumanie: Musique des Tsiganes de Valachie - Les Lăutari de Clejani』でクレジャニ村にジプシーの楽士たちがいることを初めて知ったのだが、ルーマニアの国営レーベル、エレクトレコード（Electrecord）は、それよりずっと前、1949年と52年にクレジャニ村の楽師たちの演奏を録音していた。この時代にジプシーの音楽に価値を見いだしていた人がいたわけである。ただしその音源は、チャウシェスク時代はお蔵入りしていた。それが07年になって、ルーマニアの民族音楽学者、マリアン・ルパシュク（Marian Lupaşcu）によってコンパイルされ、タラフ・ディン・クレジャニ（Taraful din Clejani）の『Clejanii de Altădată 1949 - 1952』としてリリースされた。タラフ・ドゥ・ハイドゥークスは、ここで聴くことができる先人たちの音楽を受け継いでいたのだった。

日が沈み、そろそろブカレストに帰る時間が近づき、村はずれまできたときのことである。この日のレコーディングを終えてブカレストから戻ってきたばかりのカリウとばったり出会った。するといきなり、カリウはこんなことを言った。「大変なことになった。今すぐ50万レイ（約2000円）必要になった。明日返すから貸してくれないか？」暗がりのなかで、カリウの顔はいつもよりドスが効いていた。カリウにはさんざん世話になっていたし、ご飯をごちそうしてもらってもいた。でもこういうときは、無条件に金を出してはいけないし、つれなく断ってもいけないと思い、20万レイ出すことにした。ミッシェルによれば、こういうのは毎度のことで「オレは銀行じゃない！」といって

取り合わないことにしているそうだ。「金を貸してくれ」と言われてからが本当のつきあいなのかもしれない。迎えに頼んでいたレオナルドの車がやってきて、ぼくらは帰路についた。ブカレストに入ってレオナルドの家に寄ったら、ちょうどガールフレンドのマリアナが晩ご飯を作っていたところで、ぼくたちもごちそうになってしまった。マリアナは菜食主義なのでトーフのハンバーグとマッシュポテトにトマトソース。出来たてで温かくて美味しい。それからホテル、ハヌル・ルイ・マヌクまで送ってもらった。晩ご飯を食べたばかりだったけど、お腹をすかせて待っていてくれた川島さん、松山さんと一緒に歩いて近所の中華レストランへ行った。ルーマニアでのいろいろなエピソードやタラフの過去の出来事の話で大爆笑。笑いすぎておなかが痛かった。

2000年12月18日
Skopje

12月18日、川島さん、松山さん、ぼくたち計4人は、ブカレストから空路でマケドニア（19年2月から「北マケドニア」という国名になった）の首都、スコピエに飛んだ。航空券はブカレストで購入した。可能なら陸路で、ブカレストからブルガリアを通ってマケドニアの町、コチャニ（Kočani）まで帰るコチャニ・オーケスターのミニバスに乗せてもらおうと思っていたが空きスペースがなかったのだ。東西冷戦の終結後、ユーゴスラビア社会主義連邦共和国（旧ユーゴ）で民族主義が台頭してきて紛争が相次ぐようになり、91年から92年にかけて、スロベニア、クロアチア、ボスニア・ヘルツェゴビナ、ユーゴスラビア連邦共和国（新ユーゴ）、マケドニア（現在は北マケドニア）と、5つの共和国に解体された。マケドニアは、北をユーゴスラビア連邦共和国（新ユーゴ。事実上、コソボとセルビアに分裂していた）、東をブルガリア、南をギリシャ、西をアルバニアに囲まれた小国で海はない。面積は日本の10分の1、人口は96年の時点で216万人。その半数以上がスラブ系のマケドニア人で、4分の1がアルバニア系住民、そしてトルコ系と続く。マケドニアのスコピエの郊外には、シュトオリザリ（Šuto Orizari）という5万人ものジプシーが住む世界最大のジプシー居住区がある。マケドニアはジプシーの比率が世界一高い国だが少数派であることに変わりはない。それでもジプシー（ロマ）の人権を守るための政党が存在して、世界で唯一、ジプシー（ロマ）の国会議員が活動している国である。ホテルはホリデイ・イン。マケドニアの通貨はディナール（1ディナールは約1.5円）だが、支払いはドル建て

Esma Redzepova

で、ツイン1泊170USドル（19000円）だった。ユーゴスラビア連邦共和国（新ユーゴ）はその後、03年にセルビア・モンテネグロと名称が変わり、06年にセルビアとモンテネグロに分離した。さらに、セルビア共和国内にはヴォイヴォディナ自治州とコソボがあり、08年にコソボは独立宣言を行なった。しかしセルビアはコソボの独立を認めず、コソボは未だ地位が確定しないまま国連とEUの監督下にある。18年の時点で、コソボの独立を承認しているのは日本を含む116か国である。

2000年12月19日
Skopje

12月19日。スコピエの中心部から歩いてすぐの丘にそそり立つ豪邸に、エスマ・レジェポヴァ（Esma Redzepova）を訪ねた。ジプシーの女王といえる風格を持った女性である。エスマは43年にスコピエで生まれた。ジプシー（エスマは「Romska」と言っていた）だが、父方の祖母はユダヤ人だった。11歳で歌い始め、ほどなく、スラブ系マケドニア人のコンポーザーでアコーディオン奏者でもあるステヴォ・テオドシエフスキ（Stevo Teodosievski）に見いだされて、12歳でレコード・デビューを果たした。拠点をベオグラードに移して61年に録音された〈Čaje Šukarije〉が大ヒット。ヨシップ・ブローズ・チトーにも高く評価され、61年にベオグラードで開催された非同盟諸国首脳会議のとき、インドのジャワハルラール・ネルー首相を含む参加者の前で歌った。62年には、パリのオランピア劇場で公演した。68年にステヴォ・テオドシエフスキと結婚。旧ユーゴ圏にとどまらず、欧米各国、旧ソ連、中国、インド、アフガニスタン、イスラエル、オーストラリア、メキシコなどでもライヴを行なった。ベオグラード時代のエスマは47人もの孤児を引き取って育てた。その47人はすべて男の子で、全員がミュージシャンになり、そのうちの何人かは、バンドのメンバーとしてエスマを支えていた。88年に活動拠点を故郷スコピエに戻した。エスマは、ジプシー特有の濁った声の魔力を持つ強烈な歌手で、リリースしたアルバムの数は膨大だ。タラフ・ドゥ・ハイドゥークスとは異なり、地域社会で正当に評価されてきた。周りにはさまざまな民族の人がいて、バルカン半島の入り組んだ民族の地図を象徴するような環境で育ったこともあり、幅広いミックス・カルチャーを背景に持つ音楽を奏でて、さまざまな種類の言語で歌うようになった。『Queen Of The Gypsies』（98年）の裏面には、東欧っぽい民族衣装の写真が7枚印刷してある。それは、スロベニア、マケドニア、クロアチア、ボスニア、セルビア、コソボ、ヴォイヴォディナの民族衣装であり、エスマは、ジプシーのためだけに歌っている歌手ではなく、旧ユーゴ全域の民族に向けて歌っていることを示していた。だからこそ広く受け入れられたのであろう。『Esma's Dream』（00年）というアルバムは、10曲のうち6曲がロマニ語で、残りは、マケドニア語、アルバニア語、トルコ語、ブルガリア語で歌っている。コブシの効いた歌声の向こうに広がるバルカン半島の風景が想像できて、ジプシーの悲哀が伝わってくる。

2000年12月20日
Šuto Orizari

12月20日、タクシーで世界最大のジプシー居住区、シュトオリザリへ行った。まずは屋台のCD／カセット屋。CDは1枚150ディナール（225円）である。シュトオリザリには、ジプシーの歌手がたくさんいる。なかでもアハメット・ラシモフ（Ahmet Rasimov）はCDをたくさん出していてジプシーの間ではかなり人気があった。しかしアハメットのような歌手は、エスマとは違ってマケドニア人にはランクが低く見られている。その理由をエスマは「彼らの音楽は、トルコ音楽をロマニ語に替えて歌っているものだから、マケドニア人にはよその国の音楽に聴こえるんじゃないですか。でも私は、彼らの音楽を意欲的だと感じています。アハメットのお父さんは私の『Queen Of The Gypsies』にも参加しているんですよ」と言っていた。われわれは、ムスタファ・セヌール（Mustafa Sejnur）というCDを出しているミュージシャンと路上で知り合い、彼の家を訪ねた。これがなかなか楽しいひとときになり、音楽をかけてみんなで踊った。

2000年12月21日
Kočani

12月21日。われわれ4人は、スコピエでベンツのタクシーに乗り、120キロほど離れたところにあるコチャニ・オーケスターの故郷、コチャニへと向かった。タクシー代は、こんなに乗ったのに80マルク（4000円）だった。コチャニは、思っていたよりも大きな地方の町だった。町の中心部を歩いていたら、ばったりと、コチャニ・オーケスターのリーダーで、サックス奏者のイスマイル・サリエフに出会った。ルーマニアでタラフ・ドゥ・ハイドゥークスのライヴ・レコーディングに参加していたコチャニ・オーケスターが、そろそろコチャニに帰るだろうという頃合いを見計らって、われわれもこの日にやってきたのだが、

ちょうど彼らが帰り着いたところなのだった。ブカレストからブルガリアを通り抜けてマケドニアのコチャニまで、彼らは800キロの道のりをミニバスに乗ってきたのだ。ところが、4日ぶりに再会したイスマイルは、血相を変えてこう言った。「大変なことになった。昨日の夜11時過ぎ、ブルガリアのソフィアを出て山道にさしかかったところでマフィアに襲われたんだ。ミニバスを止められて、銃を持ったマフィアが乗り込んできた。そして全員外に出されて身ぐるみ剥がされてしまった。とても抵抗できる状況ではなかった。結局、楽器とパッシャポルテ(パスポート)だけはなんとか返してくれたけど、ルーマニアで稼いだ1500ドルはそっくり盗まれてしまった。運転手は涙を流していたよ」。われわれはブカレストからスコピエまで飛行機で移動した。可能ならコチャニ・オーケスターのミニバスに乗せてもらって、コチャニまで一緒に来るつもりだったけど席の空きがなくて無理だった。でもそれで助かったのだ。まったく慰める言葉もない。ぼくもブカレストで、現金、航空券、パスポートを含む貴重品袋を盗まれてしまったが、日本人だから狙われたわけではない。マフィアはジプシーだってターゲットにするのだ。ともあれ、われわれはイスマイルの家に行くことになった。コチャニの中心部は典型的なマケドニアの地方都市という感じで、ぜんぜんジプシーっぽい雰囲気ではなかった。ところが町外れの丘の上にあるイスマイルの家の周辺は、いかにもジプシーの村といった風情でロバが繋がれていた。しかし一見貧しそうに見えるが、コチャニのジプシー居住区の生活水準は、タラフ・ドゥ・ハイドゥークスのクレジャニ村よりはるかに高かった。イスマイルの家には家族全員で食べても3か月分ぐらい持ちそうな肉が大きな冷凍庫に入っていて、突然訪ねたわれわれに、グリルド・チキンとかパエリアのようなピラフとか、めちゃくちゃ旨い食事を作って出してくれた。12月16日にクレジャニ村を訪ねたとき、コチャニ・オーケスターも来ていたのだが、そのときメンバーのひとりがこう言っていたのを思い出した。「クレジャニは貧乏だ。コチャニのほうがぜんぜん良いよ」。タラフ・ドゥ・ハイドゥークスもコチャニ・オーケスターも同じジプシーに見えていたが、本人たちは、実は互いにかなり違う人たちだと思っていたらしい。クレジャニ村のジプシーの村人と、コチャニ・オーケスターのメンバーの間でこのような会話があったらしい。「あなたたちもジプシーなの?」「そうだよ」「肌の色が浅黒いからそうだと思った」。でもこれ以上の会話はできなかったらしい。クレジャニ村のジプシーの村人はルーマニア語を喋り、コチャニ・オーケスターはトルコ語訛りのマケドニア語を話す。ロマニ語(ジプシーの言葉)が共通の言葉になるのかと思っていたが、実は互いに会話になるほど共通性は高くないようなのだ。コチャニ・オーケスターのほうの生活水準がずっと高いのは、これまでの政治の差にほかならない。ヨシップ・ブロズ・チトーとニコラエ・チャウシェスクの差である。ともあれイスマイルは本当に良い人だった。この日と翌22日の2日間かけて、イスマイルに連れられてコチャニ・オーケスターのメンバーの家を一軒一軒回った。

2000年12月22日
Kočani

22日は、この旅行中、初めて雪が降って幻想的な風景が現われた。イスマイルは、マフィアに襲撃されたことをときどき思い出してはがっかりしつつ、われわれをもてなし続けた。コチャニ・オーケスターと名のるジプシー・ブラス・バンドは、このとき3つあった。日本盤も出た『ジプシー・マンボ』(99年)はトランペットのナアト・ヴェリオフ(Naat Veliov)がリーダーのコチャニ・オーケスターで、このときぼくたちが接していたコチャニ・オーケスターは、『ジプシー・マンボ』にも参加していたサックスのイスマイル・サリエフがリーダーとなって分裂したもうひとつのコチャニ・オーケスターだ。さらにもうひとつ、コチャニ・オーケスターと名乗っているコチャニに本拠地を置くジプシー・ブラス・バンドが存在しているようだが詳細は不明だ。ナアト・ヴェリオフの新生コチャニ・オーケスターは、キング・ナアト・ヴェリオフ&ジ・オリジナル・コチャニ・オーケスター名義で『Cigance』(00年)という新作をリリースしたところだったが、イスマイル・サリエフのコチャニ・オーケスターは、まだCDを出していなかった。『ジプシー・ブラス・ウェディング(Alone At My Wedding)』(02年)が初めてのCDとなる。ブカレストで見たイスマイル・サリエフのコチャニ・オーケスターのライヴは、前半は7人のブラス、アコーディオン、タイコが炸裂する『ジプシー・マンボ』に近い音楽を演り、後半でヴォーカルが登場するとブラス・バンドをバックにしたトルコ歌謡のショーのようになって凄く盛り上がった。このトルコ歌謡ふうというところがパンキッシュなファンファーレ・チョカリーアと大きく異なるところである。ルーマニアの北東部、モルダヴィア地方のゼチェ・プラジーニというバルカン半島辺境部の村から出てきたファンファーレ・チョカリーアに対して、オスマン帝国に長らく支配されていたバルカン半島の真ん中に位置するマケドニアのコチャニを拠点としているコチャニ・オーケスターのほうが、バルカン半島の音楽という観点では王道と言うべきかもしれない。そしてこのトルコの影響は、バルカン半

Ismail Saliev and his wife

VII.

島の音楽を、環地中海音楽へとシームレスに繋げる役割も果たしている。たとえば『ジプシー・マンボ』に収録されている〈Agonija〉という曲。これはアルジェリアのシャアビの歌手、ダフマン・エル・ハラシの曲で、在仏アルジェリア人、ラシッド・タハも歌っている〈Ya Rayah〉と同じ曲だ。この曲はイスラエルのオリエンタルと呼ばれるジャンルのカセットでも聴いたことがある。環地中海音楽の代表曲と言って良い名曲なのだ。マグレブ〜アラブ〜イスラエル〜トルコ〜バルカン〜南欧と地中海を巡る音楽のルートがあり、そこにジプシーも一枚噛んでいる。そんな壮大な風景が見えてくるようだ。

2000年12月24日
Šuto Orizari

12月24日、川島恵子さん、松山晋也さんは日本へ帰っていった。この日から、ぼくと妻のふたり旅になった。25日までスコピエに滞在して再びシュトオリザリに行ってみた。ジプシー・ブラス・バンドが演奏しながら街を練り歩いているところに出くわした。シュトオリザリの歴史はさほど古くはない。1963年にスコピエ地震が起こり、1000人以上が犠牲になった。それまでスコピエのジプシーは主に旧市街のオールド・バザールの周辺に住んでいたが、多くの家が倒壊した。街が再建される過程で、ジプシーはスコピエ郊外のシュトオリザリに新しい居住区を与えられて世界最大のコミュニティができたのだという。家々は、こぢんまりした一軒家が多いが、ことさら貧しい感じに見える人は少ない。自家用車もけっこう走っている。しかし一角に、いかにも貧しそうな掘っ立て小屋があった。シュトオリザリの外れのほうに、UNHCR（国連難民高等弁務官事務所）が運営している難民キャンプがあった。規模はそんなに大きくはないが、金網で囲まれた敷地のなかにテントやプレハブ小屋が建てられていて、ジプシー（ロマ）らしき人たちが歩いている姿が見えた。しかし入ろうとしたら門番の人に制止されてしまった。彼らは、コソボから逃れてきた人たちなのだろう。コソボは、この時点ではユーゴスラヴィア連邦共和国の自治州だった。セルビア人とアルバニア系住民が対立して紛争が起こり、そのあおりで、どちらの勢力からも迫害を受けていたジプシー（ロマ）や、アシュカリ（Ashkali）、バルカンのエジプト人（Jevgs）など少数民族は、より過酷な状況に追いやられた。コソボ情勢が逼迫していた99年4月には、マケドニア北部、ステンコベツ難民キャンプ（Stenkovec refugee camp）に、コソボから多くのアルバニア系住民が逃れてきていた。セルビア人勢力による「民族浄化」の被害者

と見られていたアルバニア系住民だが、彼らは、コソボから逃れてステンコベツ難民キャンプにたどり着いたより弱い立場のジプシー（ロマ）を差別し排斥した。居場所を失ったジプシー（ロマ）は、マケドニアのジプシー（ロマ）居住地区に身を寄せるケースが相次いだというニュースが伝えられたりもした。彼らの一部がシュトオリザリに流れてきていたのだ。この時期にコソボを追われたジプシー（ロマ）について、欧州ロマ権利センター（European Roma Rights Centre）が聞き取り調査をしたいくつもの事例がWebサイトに公表されている。それを読むと、ジプシーは自由に流浪してきた民などではなく、迫害され、流浪せざるをえなかった民だと思う。

ホリデイ・インのエレベーターで黒人と一緒になった。どこの国の人か聞いてみたらモザンビークの人だった。国連の仕事で行っていたコソボから戻ったところで翌日帰国の途につくという。ぼくは彼の部屋に話を聞きに行った。コソボの分離独立を目指すアルバニア系住民に対して、セルビア人勢力がジェノサイド（大量殺害）を行ない、それを阻止するという名目で99年3月から6月までNATO（北大西洋条約機構）が空爆を行なった。そのときは世界中で大きく報道されたが、今（この時点で）はコソボ自治州の州都、プリシュティナ（Pristina 08年にコソボが独立宣言してからは首都となった）の治安は安定しているとのことだった。プリシュティナへの空路やバスの路線はまだないけど、タクシーで簡単に行くことができて、ビザは必要ないとのことだ。

2000年12月26日
Pristina, Kosova

12月26日の朝、ぼくらはスコピエからタクシーで国境に向かった。途中、NATOが空爆を開始してから難民となったアルバニア系住人などが30000人規模で押し寄せていたステンコベツ難民キャンプの脇を通ったが、すでにもぬけの殻だった。彼らはコソボに帰還できたのである。国境でタクシーを降りて、緩衝地帯を200メートルほど歩いてコソボに入国。パスポート・コントロールはUNMIK（国連コソボ暫定行政ミッション）が行なっているので、チェックはされるが、ユーゴスラビア連邦共和国の入国スタンプは押されない。コソボ側でアルバニア系のタクシーに乗り換えてプリシュティナを目指した。途中、セルビア人の村の近くを通ったが、今や弱者の立場になった彼らを守るために、村の入口にはKFOR（コソボ治安維持部隊）としてやってきたギリシャ軍が駐留していた。タクシー代は、スコピエから国境までが25マルク（1250円）、国境から

Pristina, Kosova

Afrim Muçiqi

プリシュティナまでは60マルク（3000円）だった。いきなり訪ねたホテル・イリリア（Hotel Iliria）にチェックイン。1泊120マルク（6000円）だった。プリシュティナでは、通貨はドイツマルクのキャッシュのみが通用していて、ユーゴスラビアのノビ・ディナールはまったく通用しない。コソボでは、北部の町、セルビア人居住区とアルバニア系住民の居住区がイベール（Iber）川を挟んで対峙しているミトロヴィツァ（Mitrovica）が事実上の国境になっていて、旅行者がプリシュティナからベオグラードへ行くことは不可能だった。NATOの空爆時に難民となったセルビア人の多くはミトロヴィツァ以北に逃れて、そのまま帰還できなくなった。UNMIKが暫定統治していたプリシュティナは、事実上アルバニア系住民のための解放区となり、平静を取り戻していた。それはちょっと前までセルビア人に迫害を受けていたアルバニア系住民が、セルビア人だけでなくトルコ系住民やジプシー（ロマ）も含む他民族を排斥するという皮肉な状態でもあった。街には世界中から集まってきた国連関係者がたくさん歩いていたが、地元の人たちは、ひとり残らずアルバニア系だったと思われる。街の随所に空爆の跡があったが、アルバニア系住民は思いのほか普通に日常生活を営んでいた。

99年3月から6月にかけてNATOが行なったコソボ紛争に対処する空爆で、数百人の民間人が巻き込まれて殺された。とりわけ99年4月12日にセルビア南部に位置するグラデリツァ（Grdelica）の橋梁を通過中の列車を「誤爆」したことは酷く、ミサイルに搭載されていたカメラから撮影された命中するまでの映像が世界中に報道され衝撃を与えた。しかし全体的には、NATOによる空爆は「人道的介入（humanitarian intervention）」だったと言えるだろう。スウェーデンの首相ヨーラン・ペーション（Göran Persson）、南アフリカ共和国の裁判官リチャード・ゴールドストーン（Richard Goldstone）らからなるコソボ独立国際委員会が00年10月23日に国連事務総長コフィ・アナンに提出した「コソボ・レポート」は、「NATOによる空爆は違法ではあるが正当な介入だった（The NATO intervention was, the Commission concludes, illegal but legitimate.）」と結論づけている。セルビア人勢力は、ボスニア・ヘルツェゴビナ紛争中、95年7月にスレブレニツァでボシュニャク人を対象にして8000人規模の虐殺を行なった前歴があり、98年以後のコソボ紛争でも、アルバニア系住民を対象とした数千人規模と思われる虐殺をすでに行なっていて、このまま放置すればセルビア人勢力がアルバニア系住民をさらに大量虐殺することが避けられない情勢になっていた。ぼくが見たプリシュティナの住民たちは、NATOの介入がなかったら、

殺されるか、ひとり残らず難民になっていたであろう。

2000年12月27日
Pristina, Kosova

12月27日、プリシュティナ。この日はラマダン明けだった。アルバニア系住人は大半がイスラム教徒である。廃墟になった建物もある一方で、イタリアンレストランなども繁盛していてマカロニ・ゴルゴンゾーラを食べたりした。インターネット・カフェもあり、とても紛争地には見えなかったが、それでもアイスクリーム屋で出会った19歳の女性でさえ「（KFORとして）駐留している外国の軍隊がいなくなったらセルビア人と戦う」と言っていたし、アルバニア系の音楽カセットを売る屋台には「Independence The Only Way To Peace」と書いた紙が張り出されていた。英語で書いてあるのは、世界各国から派遣されてくる国連関係者へのアピールだろう。この日は、あちこちでラマダン明けのライヴやパーティがあり、街は夜遅くまで人通りが絶えなかった。ぼくらはポスターを見て、アフリム・ムチキ（Afrim Muçiqi）のライヴに行った。プリシュティナで生まれ育ち、長年ドイツで活動していたというアルバニア歌謡の歌手である。夜8時に開演するはずだったが、始まったのは9時45分、いきなり盛り上がる。こんな状況でもアルバニア系住民の最大の楽しみは音楽なのだ。夜11時ごろ中座して、プリシュティナからタクシーに乗り、マケドニアへと向かった。国境まで60マルク（3000円）。国境でマケドニア側のタクシーに乗り換えてスコピエのホテル、ヴィラ・レオナルド（Vila Leonardo）に着いたのが夜中の1時。タクシー代は30マルク（1500円）、ホテルは1泊58USドル（6500円）だった。

2000年12月28日
Athína

12月28日、朝6時にホテルを出て駅に向かう。マケドニアからギリシャへ行く公共交通機関は朝7時にスコピエを出発してギリシャ北部の街テッサロニキへ行く国際列車が1本あるだけで、冬場はバスも走っていない。この列車に乗るべく駅に行ったのだが、なんとこの日は出発が3時間遅れるという。ぼくらはどうしてもこの日のうちにアテネに着かなければならない事情があって困っていた。すると同じように困っているコソボに派遣されていたバングラデシュ人の文民警察官が8人いることに気づいた。彼らは、翌日アテネを出発して帰国する飛行機に乗るため、どうしてもこの日のうちにアテネに着かなければならないという。

149

Road to Thessaloniki

Thanasis Polykandriotis and Anna Meliti   Athína

彼らと相談した結果、これはもうテッサロニキまでタクシーを飛ばすしかないという結論に達した。彼らは2台のタクシーに乗り、ぼくらは1台のタクシーに乗るが、彼らの荷物は乗りきらないので、一部荷物を運んでほしいと頼まれて快諾した。スコピエからテッサロニキまで280キロ。こんな長距離のタクシーに乗るのは初めてだ。道はほとんど高速道路で3時間あまりのドライブだった。タクシー代は1台につき220マルク（11000円）。テッサロニキからアテネまではバスで7時間、ひとり8200ドラクマ（2800円）だ。なんとかアテネにたどりつき、くたくたになってホテルを探す。1泊12000ドラクマ（4200円）だけど素晴らしい部屋を見つけてチェックイン。すでに夜10時になっていた。さっそくご飯を食べに街に出る。シンタクマ地区からプラーカ地区にかけて歩いたのだが、こんな時間でも観光客だらけだった。プリシュティナとは別世界である。

2000年12月29日

Athína

12月29日。朝、ホテルのトイレの窓からアクロポリスが見えることに気がついた。どうしても前日までにアテネに着かなければならなかったのは、この日が金曜日で年内最後の平日だったので、アエロフロートの事務所に行き、ブカレストで盗難に遭った航空券の再発行の交渉をする必要があったから。しかし事務所に行って説明しても「1月3日に改めて来てください」とだけ言われて、再発行してもらえるのかどうか微妙な雰囲気だった。それでも言うだけのことは言い、1月3日まではなす術がないので、それまでは観光することにした。レンベーティカ（主に20年代から50年代にかけて流行したギリシャのアウトサイダーたちによる音楽。哀愁感たっぷりで、マリファナがらみの音楽でもある）の生演奏をやっている酒場に行ったり、アテネの外港、ピレウスから船に乗ってエギナ島に行ってタコを食べたりした。ハリス・アレクシーウが新作『Paraxeno Fos』（00年）を出したばかりで、ライヴを行なっていたので見に行き、関係者に頼んだら楽屋でポートレイトを撮影させてもらうこともできた。

2001年1月3日

Athína

1月3日に再びアエロフロートの事務所に行くと、翌日改めて来てほしいと言われた。当初の予定通り、1月5日にアテネを出発する帰国便のチケットを再発行してくれるという。1月4日にアエロフロートの事務所に行くと、翌日、

それは出発当日なのだが、朝9時30分に来るようにと言われる。

2001年1月5日

Athína

1月5日の朝、本当に航空券が用意されていた。しかも手数料を取られることもなかった。感謝して、アエロフロートの事務所を出てタクシーで空港に向かい、無事予定どおり帰国することができた。旅行の初日に貴重品をごっそり盗まれたが、実り多い旅行になった。

Gypsy in the

VIII.

ジプシーは流浪の民である。10世紀ごろインドのラジャスタン地方を出発して、15世紀にヨーロッパにたどり着いた。

ジプシーについて語られる一般的な解説である「15世紀にヨーロッパにたどり着いた」というのは多くの記録が残っているので間違いない。しかし「10世紀ごろインドのラジャスタン地方を出発して」というインド起源説は、ロマニ語（ジプシーの言葉）がインド北西部の言語と共通する点が多いことなどから有力視されているが異論もある。ジプシーという単一民族が昔インドにいて、彼らが純血を守りながらヨーロッパの方へ移動していったと考えるのは完全に間違いだ。「ジプシーは流浪の民」というのは見方の問題だろう。

トニー・ガトリフの映画
Film of Tony Gatlif

トニー・ガトリフの父はフランス人（アルジェリア系のカビール人）、母はスペイン人（アンダルシアのジプシー）である。少年時代はアルジェリアで過ごして60年代に渡仏。ジプシーを題材にした映画を撮るようになった。ガトリフ映画の特色は、ジプシーの日常で重要な役割を果たしている音楽を物語のなかにきちんと盛り込んでいることだ。『ラッチョ・ドローム（Latcho Drom）』(93年）は、ジプシーのインド起源説をたどるように、インド、エジプト、トルコ、ルーマニア、ハンガリー、スロバキア、フランス、スペインと巡り、ジプシーの姿を捉えたドキュメンタリーである。とりわけイスタンブールのウルサリ（Ursari 熊使い）、ルーマニアのタラフ・ドゥ・ハイドゥークス、フランスのジャズ・マヌーシュ（Jazz Manouche ジプシーの伝統音楽とスウィング・ジャズを融合させた音楽）で、ジャンゴ・ラインハルト（Django Reinhardt）の音楽を受け継ぐチャボロ・シュミット（Tchavolo Schmitt）を取り上げたことに大きな刺激を受けた。しかしこの映画は、あくまでも撮影の時点で存在していた「ジプシー」を捉えたものであって、それが普遍的に変わらないジプシーの姿ではないということに留意すべきだ。たとえば冒頭のほうでインド、ラジャスタン地方で撮影された黒っぽいサリーを着た13歳の少女がぐるぐる回るダンスのシーンが出てくるが、これは1980年代になって出てきた新しいスタイルだ。彼女たちは、インドの遊芸民カールベリヤ（Kalbelia、あるいはKalbelya）である。カールベリヤは元々は男たちがヘビ使いをやることを生業としていたが、72年に野生生物保護法（Wildlife Protection Act, 1972）が施行されてヘビを見世物として使うことが禁じられたため、代

わりに女たちが踊ることを生業とするようになった。初めは伝統的なえんじ色のサリーを着てゆったりとした踊りを踊っていたが、黒っぽいサリーを着てぐるぐる回るまったく新しいスタイルが生まれ、それを「ジプシー・ダンス」として売り出すようになった。ぼくは79年にラジャスタンを旅行したが、そのときはまだ存在していなかった文化なのだ。ともあれ『ラッチョ・ドローム』は、ジプシーの実像を伝えるエポック・メイキングな作品となった。ヨーロッパで93年に公開されたことにより、タラフ・ドゥ・ハイドゥークスが人気を博す大きなきっかけにもなった。

トニー・ガトリフへのインタビュー
Interview with Tony Gatlif

01年5月25日、銀座のホテル西洋で、フラメンコを題材にした映画『ベンゴ（Vengo）』(00年）が公開されるタイミングでプロモーション来日したトニー・ガトリフ監督に会った。

――― 『ベンゴ』の主題歌〈Naci En Alamo〉は素晴らしいですね。歌っているレメディオス・シルバ・ピサ（Remedios Silva Pisa）に出会った経緯を聞かせてください。

トニー この曲は、元々はギリシャのジプシーの歌です。テッサロニキにあるジプシーのコロニーで権利を擁護するための集会があり、呼ばれて行ったことがありました。そのときジプシーの人がくれたカセットに入っていた曲です。スペインのアンダルシアを車で旅行したときにずっとこの曲をかけていて、この曲をフラメンコにアレンジして映画で使いたいと思ったんです。それを歌ってもらう人をずっと探していました。そんなときセビリアでレメディオス・シルバ・ピサに出会い、彼女に歌ってもらおうと決めました。でも残念なことになってしまったんですね。映画を作ったのでプロモーションのために彼女にもいろんなところで歌ってもらったんですけど、旦那さんが、彼女が人前で歌うことを禁じるようになったのです。こんなに才能を持っている歌手はなかなかいないので本当にもったいないと思います。

――― 『ガッジョ・ディーロ（Gadjo Dilo）』(98年）で、フランス人の青年がジプシーの村を訪ねて行きますよね。最後にカセットを壊すシーンがありますけど、どういう意味ですか。

トニー 初めはフランス人のステファンが、お父さんのカセット

cinema

を聴いて東ヨーロッパにその曲を歌っている人を探しに行くわけですよね。物語が進行するに従って、その曲は曲として存在しているというよりは、ジプシーの人たちの生活と完全に結びついているものなんだということが判ってくるんですね。それで彼はもうカセットという形の音楽に魅力を感じなくなっちゃう。カセットになった音楽はあくまでも営業のもの、商売のものっていうことです。

――― 今はタラフ・ドゥ・ハイドゥークスをはじめジプシーの人たちの音楽がCDという形で西側に流通しているわけですけど、CDというメディアを通して音楽が広まっていくことに対して割り切れない気持ちがあるのですか。

トニー　私は良いことだと思いますね。タラフ・ドゥ・ハイドゥークスがこれだけ広がったのも、元はといえば私にも原因があります。ステファン・カロとミッシェル・ウィンターが彼らを発見して、私が『ラッチョ・ドローム』で取り上げて、彼らの音楽が広まるようにプロモーションをかなりやりました。CDが売れているのはとても嬉しいことです。

――― 『ラッチョ・ドローム』に、熊使いが出てくるシーンがありますね。あれはイスタンブールですよね。

トニー　そうです。10年前には熊使いがいたりだとか、タラフ・ドゥ・ハイドゥークスみたいなジプシーの中のジプシーというか、本当に神髄みたいなものがあったんですよね。それがこの10年の間に状況がずいぶん変わってきた。タラフ・ドゥ・ハイドゥークスにしても、少しずつ薄まっていく部分があるわけですよね。シフシーの文化自体がだんだん失われてきて、熊使いにしても今はもう絶滅してしまった。

――― 12年前にイスタンブールに行ったとき、観光客に写真を撮らせてお金を取る熊使いの人がいて、ぼくも写真を撮りました。彼らも『ラッチョ・ドローム』に出てきた熊使いと同じ人で、小遣い稼ぎにやっていたのでしょうか。

トニー　そうです。それは本物の熊使いです。お金を稼ぐためにやっていたんです。今でもジプシーの伝統が守られているのは、外からの影響があまりないブルガリアですね。馬車というか、荷車みたいなものに乗って移動しながら生活していたり、昔ながらの生活を

しています。アルバニアにも伝統的なジプシーが残っていますね。

――― 今はジプシーの人たちもパスポートがないと国境を越えられません。馬車で移動というのは、遊牧民みたいに1年サイクルで国内を移動しているジプシーのことですか。

トニー　ジプシーは、パスポートとか紙の身分証明書がなくても国境を越えてしまいます。電車とか船とか飛行機に乗ったりしませんから何とかなるんです。共産主義の時代にも旅をしていました。彼らが旅するのを本当に止めることができたのはナチスだけですね（ホロコーストで虐殺されたのはユダヤ人ばかりでなく、50万人ものジプシーが虐殺された）。

――― チャウシェスク政権が崩壊してからこの10年あまりで、ルーマニアのジプシーが1800人ぐらいパリに流れて行ったという記事を読みました。彼らと昔からパリ近郊にいたジプシーは違う感じなのでしょうか。

トニー　まったく一緒ですね。パリは昔から同じような状況です。よそから来ると、住宅が見つからないとか、仕事が見つからないという問題に直面する。行き場がないから、空き地のようなところへキャラバンを置いて生活することになるわけです。ゲットー化しちゃうわけですよ。ゲットー化するとどうしても結果として犯罪が起きたりしてしまうんですね。そういうことを生み出してしまう社会なんですよ。

――― パリだったらバルベスにアラブ人が多いとか、そういうのは判るのですが、アラブ人街とかインド人街みたいにジプシー街ってあるのですか。

トニー　パリだと20区の裏のほう。モントルイユ（Montreuil）とロマンヴィル（Romainville）にジプシーの人たちがたくさん住んでいます。それから南仏のアルル、カマルグ、モンペリエ、ペルピニャンのあたりはジプシーが多いですね。

　トニー・ガトリフが映画で記録した本物のジプシーは、その後急速にその文化を失っていった。タラフ・ドゥ・ハイドゥークスは、クレジャニ村に伝わってきた生業として音楽を奏でる伝統から離れて、CDを出し、コンサートを開くという形態に移行した。西ヨーロッパをツアーするときは、パスポートを持ち、ビザを取得して、ステファンとミッシェルが交代で運転するバスで移動

してホテルに宿泊する。ステファン・カロというベルギー人が88年にルーマニアのクレジャニ村を訪ねて、その後タラフ・ドゥ・ハイドゥークスとなるラウターリ（ジプシーの楽師）たちに会い、彼らは海外に進出すべきだ、有名になれるはずだと思った。そしてミッシェル・ウィンター、トニー・ガトリフらの尽力もあって、タラフ・ドゥ・ハイドゥークスによる本物のジプシー音楽がぼくたちの目の前に姿を現わした。しかしそれは、長く続いてきた伝統の最後の輝きのような瞬間で、文化が失われていく始まりであったのかもしれない。『ベンゴ』で〈Naci En Alamo〉を歌った素晴らしい歌手、レメディオス・シルバ・ピサが、ぼくたちの目の前に現われることなく向こう側の世界に戻っていったことも印象深い。人知れず累々と培われていたジプシーの文化を垣間見ることができたけど、それは一瞬の幻であったかのようだ。『ラッチョ・ドローム』に登場したジャズ・マヌーシュのギターを奏でるチャボロ・シュミットの世界を、フランス東部の街ストラスブールを舞台に描いた『僕のスウィング（Swing）』（02年）が03年に公開され、直後にチャボロ・シュミットが初来日した。18年7月9日にビルボードライブ東京で行なわれた5回めの来日公演のとき楽屋で撮影した。トニー・ガトリフの映画に登場するジプシーは基本的に本物のジプシーだが、例外的に『ガッジョ・ディーロ』でジプシーのヒロイン役を演じたのはルーマニア人のローナ・ハートナー（Rona Hartner）だった。05年5月4日、彼女がフランスのDJクリックと組んでエレクトロ・ジプシー・ミュージックを歌うプロジェクトで来日公演を行なったとき撮影した。

ジャスミン・デラルの映画
Film of Jasmine Dellal

ジャスミン・デラル（Jasmine Dellal）監督の映画『ジプシー・キャラバン』（06年）が日本公開されたとき、08年1月11日、プロモーション来日した彼女に会うことができた。この映画で強く心打たれたのは、ニコラエ・ネアクシュの葬儀のシーンである。タラフ・ドゥ・ハイドゥークスを代表する長老であり、ギーギー音を出す独創的な糸弾きスタイルでヴァイオリンを演奏していたニコラエが亡くなったのは2002年9月4日のこと。ルーマニアの寒村、クレジャニ村の自宅でひっそりと息を引き取ったという。享年78歳。ぼくはニコラエがクレジャニ村の自宅にいるところを訪ねたことがあるので、葬儀のシーンに出てくる風景はだいたい想像がついたのだが、ひとつだけ、不意に強く引きつけられるところがあった。それは葬送のヴァイオリンを弾いているカリウの表情である。カリウはこのとき脂が乗っている超絶テクニックのヴァイオリン弾きで、タラフ・ドゥ・ハイドゥークスの屋台骨となっていた。スポットライトを浴びて、ぼくたちの前に芸達者なエンターテイナーとして登場していたわけだが、一方でカリウは時折、近づくことができない向こう側の世界に所属している人間だということを告げているかのような表情を見せることがある。この葬送のヴァイオリンを弾いているシーンでのカリウの表情がまさにそれだった。深い闇を湛えていて、よそ者を寄せつけないよ

うなその眼差しに、ぼくはジプシー本来の姿を見た思いがしたのだった。この映画は、01年に、インドのマハラジャ、ルーマニアのタラフ・ドゥ・ハイドゥークスとファンファーレ・チョカリーア、マケドニアのエスマ、スペインのアントニオ・エル・ピパ・フラメンコ・アンサンブルをパッケージにして「ジプシー・キャラバン」と銘打ち、6週間におよぶ北米ツアーが行なわれたときに同行して撮影した映像に、それぞれのグループを地元に訪ねて撮影した映像をミックスしたドキュメントだ。この5つのグループの選ばれ方から想像できるとおり、このツアーの主催者は、ジプシーがインドのラジャスタンを出発してヨーロッパまで移動していった流浪の民であるという点に強いロマンを感じている。そして、観客の人たちにジプシー音楽の素晴らしさを知ってもらいたいということに加えて、出演するジプシー同士が同じルーツを持っていると分かり合うことを願っているというようなことを語っていた。ぼくは、関係者が血縁関係にあるタラフ・ドゥ・ハイドゥークスとファンファーレ・チョカリーア以外の人が同じ血を感じるのは無理だろうと思った。『NHKスペシャル』で、シベリアのバイカル湖の周辺に住むブリヤート人と縄文人が遺伝的に近縁であることから縄文系日本人のルーツがシベリアにあるのではないかという番組を見たことがある（01年8月19日に放送された「日本人 はるかな旅 第1集 マンモスハンター シベリアからの旅立ち」）。ヨーロッパのジプシーがラジャスタンから移動してきた民族だとするなら、縄文系日本人はバイカル湖畔から移動してきた民族である。ブリヤート人と縄文系日本人を並べて、君らは同じルーツなんだねと見ず知らずの西洋人にロマンを語られたらどうであろうか。ところが、このツアーは思いもよらない功績をもたらした。時空を隔てて同じ血が流れているなどという幻想とは関係なく、同じツアー・バスに乗り、同じホテルに宿泊しながら6週間を過ごすうちに、彼らは仲良くなったのだ。ファンファーレ・チョカリーアの『クイーンズ&キングス〜ワイルドで行こう』（07年）にエスマが参加しているが、これはジプシー・キャラバン・ツアーがもたらした縁なのだろう。

エミール・クストリッツァの映画
Film of Emir Kusturica

エミール・クストリッツァ（Emir Kusturica）は、現在のボスニア・ヘルツェゴビナ、以前はユーゴスラビア社会主義連邦共和国だったサラエヴォで生まれた。父はセルビア人、母はボシュニャク人である。同じくサラエヴォ出身で、父はクロアチア人、母はセルビア人でありながら、ジプシー（ロマ）の音楽を独自に発展させた曲を作るミュージシャン、ゴラン・ブレゴヴィッチ（Goran Bregović）が音楽を担当して制作された『ジプシーのとき（Dom za vesanje）』（89年）は、現在のスロベニアのどこかにあると想定されるジプシー（ロマ）の村と人々の物語だった。彼らの一部がイタリアのミラノやローマに遠征して、組織的な物乞いや売春、泥棒をやって稼ぐ様子も描かれている。主な登場人物のなかでは、主人公の祖母役で出てくるリュビシャ・アジョヴィッチ（Ljubica Adžović）だけが本物のジプ

Tony Gatlif   25 May 2001 Tokyo

Rona Hartner   4 May 2005 Tokyo

Tchavolo Schmitt   9 July 2018 Tokyo

Jasmine Dellal   11 January 2008 Tokyo

Emir Kusturica   5 December 2009 Kyiv, Ukraine

Emir Kusturica & The No Smoking Orchestra   5 December 2009 Kyiv, Ukraine

シー（ロマ）で、だいたいはセルビア人の役者がジプシー（ロマ）を演じているのだが胸に迫ってくる素晴らしい作品だ。エミール・クストリッツァの代表作は、何といっても『アンダーグラウンド（Underground）』（95年）である。3時間近くにおよぶ長い映画（完全版は5時間を超える）だが、いきなり目の覚めるようなジプシー・ブラスのバンドが街を駆け抜けていくシーンで始まる。これは〈Ciocarlia〉と呼ばれるルーマニアの古いフォーク・ソングをゴラン・ブレゴヴィッチが編曲した〈Kalashnikov〉という曲で、セルビアのジプシー（ロマ）のトランペット奏者、ボバン・マルコヴィッチ（Boban Marković）が率いるオーケスターが演奏していて最高にカッコ良い。ルーマニアのファンファーレ・チョカリーア（Fanfare Ciocărlia）の〈Ciocarlia Si Suite〉（98年の『Radio Pascani』に収録）は同じ曲で、人知れず古くから演奏されていたが、『アンダーグラウンド』によって先に世界に広まった。この曲は、マケドニア（現在の北マケドニア）のコチャニ・オーケスター（Kočani Orkestar）から、イスラエルのマーシュ・ドンドルマ（Marsh Dondurma）まで、幅広いバンドに演奏される名曲中の名曲になった。もう1曲、途中で演奏される〈Mesečina / Moonlight〉も名曲だ。この2曲を広めたというだけで、エミール・クストリッツァの『アンダーグラウンド』は大きな功績を残したと言って良い。映画は、1941年4月6日にベオグラードをナチスが空爆するシーンから始まる。主人公はパルチザンで、共産党員やパルチザンを駆逐しようとするナチスと闘う。その過程で地下世界を築き、悲喜こもごものドタバタ劇が展開するフィクションなのだが、チトー大統領の葬儀（80年）のシーンは実写映像が組み込まれていて、〈リリー・マルレーン〉が流れるなか、ソ連のブレジネフ書記長、PLOのアラファト議長、ルーマニアのチャウシェスク大統領、東ドイツのホーネッカー国家評議会議長、シリアのハーフィズ・アル＝アサド大統領、アメリカのカーター大統領、イギリスのサッチャー首相などが映し出される。フィクションなのに時代考証を意識しているところが巧みで、92年にユーゴスラビアが解体されたことも物語に反映させている。地下に車が往来できる大きな通路が築かれていて、そこを国連軍や難民なども往来しているのだが、その地下通路の行き先を示す標識が「BERLIN」とか「ATHENS」になっていて、方向感覚や壮大な距離感が面白い。続く『黒猫・白猫（Crna macka, beli macor）』（98年）から、音楽は監督自身のバンド、エミール・クストリッツァ＆ザ・ノー・スモーキング・オーケストラ（Emir Kusturica & The No Smoking Orchestra）が担当するようになった。

ぼくは、目の前でクストリッツァが喋っているところを見たことがある。09年12月5日、ウクライナのキーウ（Kyiv 以前はキエフと言われていた）で開催された「Balkan Fest」にエミール・クストリッツァ＆ノー・スモーキング・オーケストラが出演した日に行なわれた記者会見でのことだ。クストリッツァは、セルビアの田舎に小さな村をまるごと買って「Küstendorf」という名の村を作り、「Küstendorf Film and Music Festival」を開催している。そこにジム・ジャームッシュやジョニー・デップまでやって来たという話などを和気あいあいな雰囲気で語っていた。そんななか、ひとりの記者が英語で単刀直入に質問した。「あなたはコソボについてどう思っているのですか」。その質問は、明らかにクストリッツァを非難する口調で発せられたもので、場は瞬時に緊張した空気に包まれた。クストリッツァには『アンダーグラウンド』のときから大セルビア主義的な意識が強いという批判がつきまとっていた。当時のユーゴスラビア連邦共和国の大統領、スロボダン・ミロシェヴィッチ（Slobodan Milošević）らによる扇動でセルビア人勢力がコソボのアルバニア系住民を大量虐殺した。アルバニア系のKLA（コソボ解放軍）によるセルビア人の虐殺も横行していたとはいえ、これはジェノサイドであり人道に対する罪である。その状況に対してNATOが軍事介入してセルビア人勢力を空爆した。「誤爆」で罪のない人の命も奪われたが、セルビア民族主義者によるジェノサイドをとにかく止めることはできた。より悪いのはセルビア側だ、というのが国際世論の趨勢となっていた。しかしクストリッツァはかねてよりNATOの軍事介入を批判する立場を鮮明にしていた。だがそれは、セルビア人勢力によるジェノサイドを免罪しているように見えてしまうのだった。「あれは民族問題ではない。犯罪の問題なのだ」。クストリッツァはそう答えて切り抜けた。以後、この件には誰も触れなかった。この記者会見の3時間後に見たエミール・クストリッツァ＆ザ・ノー・スモーキング・オーケストラのライヴは素晴らしかった。「北アメリカ帝国主義に対して（Contra el Imperialismo Morteamericano）」と書いてあるTシャツを着たクストリッツァがギターを弾き、ブラスが炸裂して、ヴァイオリンとアコーディオンが突っ込んできて、セルビアのサッカー選手、ミロシュ・ニンコヴィッチ（Miloš Ninković）のユニホームを着たヴォーカルのドクトル・ネレ・カライリチ（Dr. Nele Karajlić）は客席のかなり後ろの方まで走り回りながら歌っていた。スカでパンクでジプシーっぽくもある、バルカンならではのミクスチャー・ミュージック。とことんパワフルで、会場を祝祭の場に変えていた。代表作『Unza Unza Time』（00年）からの曲もしっかりやった。日本に帰ってきて間もなく、クストリッツァの映画『マラドーナ』（08年）が公開された。ディエゴ・マラドーナは、右腕にチェ・ゲバラ、左足にフィデル・カストロの入れ墨を入れている。05年にアルゼンチンのマル・デル・プラタで開催された米州サミットでのデモの映像に〈不屈の民（¡El pueblo unido, jamás será vencido!）〉が被さるところや、07年に撮影されたマヌ・チャオ（Manu Chao）が路上で〈La Vida Tómbola〉を歌うラスト・シーンが美しい。バルカン半島から離れてアメリカに対抗するオルタナティヴな視点から描いた『マラドーナ』を見て、クストリッツァの気持ちを少し理解できた気がした。

About Gogol Bordello and travel to Kyiv

IX

ゴーゴル・ボーデロについて
About Gogol Bordello

　ゴーゴル・ボーデロ（Gogol Bordello）というバンドについて書こうと思う。ゴーゴルとは、ウクライナ出身の文豪、ニコライ・ゴーゴリ（Nikolai Vasilievich Gogol）のこと。ボーデロとは売春宿のことだ。この奇妙な名前のバンドが奏でている音楽は、ジプシー・パンク（Gypsy Punk）である。それは既存のロックとは違うし、素朴なワールド・ミュージックでもない。彼らの音楽もまた、ベルリンの壁の崩壊に関連する現代史の裂け目から噴き出してきたビートの連なりであり、存在自体が政治的であり、路上の風景のドキュメントである。移民であり、ディアスポラであるメンバーが集まり、グローバルに情報が行き交う時代を意識しつつ、しっかり地面に足を着けてリアルな音楽を奏でている。バンドの核となっている人物は、ヴォーカルとアコースティック・ギターの担当で、ほとんどの曲を作っているユージン・ハッツ（Eugene Hütz）。カイザー髭がトレードマークの男だ。

　ユージン・ハッツは、18歳までウクライナで暮らしたと発言しているので、一家がウクライナ（91年まではソ連の一部だった）を脱出したのは、ベルリンの壁が崩壊した直後、90年のことだろう。そして、ポーランド、ハンガリー、オーストリア、イタリアを転々としたのち、91年にアメリカに渡り、ヴァーモント州バーリントンでの生活を経て、ニューヨークに移り住んだ。いかにもジプシーらしい流浪の人生である。ゴーゴル・ボーデロが、ジプシー・パンクという方向性を明確に打ち出したのは3枚めのアルバム、スティーヴ・アルビニがプロデュースした『Gypsy Punks: Underdog World Strike』（05年）をリリースしたときである。1曲めから強烈な疾走感。ジョー・ストラマーが生きていたら、最大限の絶賛を惜しまなかったであろう。このアルバム・ジャケットで採用された黄色地にパチンコのアートワークは、ゴーゴル・ボーデロのアイコンとして使われ続けている。そして4枚めのアルバム『Super Taranta !』（07年）からベースがトーマス・ゴベナ（Thomas Gobena）になり、ジプシー・パンクとしての疾走感を維持しつつ、レゲエ／ダブ的なふくよかさと強度が加わった。タイトル曲は、南イタリアの伝統的ダンス音楽、タランテッラ（Tarantella）をアレンジしてい

る。このころからゴーゴル・ボーデロは幅広く注目されるようになった。07年のグラストンバリー・フェスティヴァルや、08年のコーチェラ・フェスティヴァルで大観衆を前にライヴを行なっている映像がYouTubeにアップされているが、それを見れば怒涛のような盛り上がりぶりに驚くだろう。アメリカの元副大統領、アル・ゴアらが企画した地球温暖化防止を訴えるためのイヴェント「Live Earth」（07年）では、マドンナと一緒にゴーゴル・ボーデロがステージに立ち、名曲〈La Isla Bonita〉に、ジプシーの伝統曲〈Lela Pala Tute〉をミックスして歌った。

ゴーゴル・ボーデロの映画
Gogol Bordello's film

　マドンナが初めて監督した映画『ワンダーラスト』（08年。日本での公開は09年。原題は『Filth and Wisdom』）で主演に抜擢されているが、この映画はそもそも、マドンナがユージン・ハッツに惚れ込んで作ったようなものだった。邦題はサウンドトラックにも使われているゴーゴル・ボーデロの曲〈Wonderlust King〉から取っている。この曲のPVは、歌うユージン・ハッツのバックに、移動する軌跡が赤い線で描かれた地図が流れていくというものだった。その赤い線は、インドのラジャスタン地方を出発して、パキスタン、イラン、トルコ、ブルガリアなどを経て、ウクライナに行き着く。これはジプシー（ロマ）がたどった道を表わしている。ユージン・ハッツは、72年にウクライナの首都キーウ（Kyiv 以前はキエフと言われていた）近郊の町で生まれた。母方の祖母がジプシーで、自分にもジプシーの血が流れているということに意識的な人だ。赤い線が走る地図はさらに、東欧、西ヨーロッパへと続き、大西洋を越えてニューヨークへとたどり着く。『ワンダーラスト』には、ユージン・ハッツが、ジョー・ストラマーの遺族が立ち上げた慈善団体「ストラマーヴィル」のTシャツを着て歩いているシーンも挿入されていた。ラストは、ゴーゴル・ボーデロが〈My Strange Uncles From Abroad〉という曲を演奏しているシーン。これがまさに、非西欧圏の音楽を取り入れながら最後まで前進し続けていたジョー・ストラマーの意志を受け継いで、発展させたような本当に素晴らしいライヴだった。今現在、パンクのスピリットを湛えている音楽は

コレだ。そう思わずにいられなかった。

そもそも映画『キル・ユア・アイドルズ』（04年）に、ゴーゴル・ボーデロの存在理由がすでにばっちり描かれていた。この映画の売りは、ノー・ウェイヴとその流れを汲むニューヨークのアンダーグラウンドなバンド、スーサイド、スワンズ、DNA、ジェームス・チャンス・アンド・ザ・コントーションズ、ティーンエイジ・ジーザス・アンド・ザ・ジャークス、ソニック・ユースなどの、70年代から80年代にかけて撮影された発掘映像が使われているところだった。それはそれで貴重で興味深いものだが、本当のポイントは、ヤー・ヤー・ヤーズ、ライアーズなど、00年代になって頭角を現わしてきたノー・ウェイヴからの流れを汲むバンドを追って、その意義を確かめようとしているところにある。彼らは先人たちをリスペクトしている。ところが先人たちはこのように言うのだ。「今の若者は、かわいそうだ。僕たちの時代は過去に目を向けていなかった。今の時代は違う。昔とは違ってとても息苦しい。抜け出すには新しい発想が求められる」（アート・リンゼイ）。「懐古趣味を元に新しいものを創造しようとする人は、知力が全くない人間だと思う。ベースやギターやドラムの商品化が音楽をダメにした。チューバを吹こうじゃない。トロンボーンでもいい」（リディア・ランチ）。ここでゴーゴル・ボーデロが登場してきて、〈Haltura〉という曲を演奏するシーンになるのだ。これこそ、今音楽が向かうべき最良の例だと言わんばかりの構成である。この曲は、ヴァイオリンのセルゲイ・リャブセフ（Sergey Ryabtsev）、アコーディオンのユーリ・レメシェフ（Yuri Lemeshev）が参加してゴーゴル・ボーデロの骨格ができあがった2枚めの『Multi Kontra Culti vs. Irony』（02年）に収録されている。ユージン・ハッツは、88年にキーウで行なわれたソニック・ユースのコンサートを見ていた。そのときのことを「僕にとって衝撃的だった。盛り上がりすぎた。人音量が響いて骨にまで伝わった。この音楽の発祥地に行くって決めた」と語っていた。ゴーゴル・ボーデロの音楽には、70年代から80年代のアンダーグラウンドなバンドから受け継いだダークな臭いが漂っている。そこに、マルチ・レイシャルなミュージシャンが集まったニューヨークのバンドならではの、エスニックなルーツ・ミュージックが交錯してくる。真に革新的な音楽をパンクと呼ぶなら、

00年代のパンクはゴーゴル・ボーデロに集約されているのではないか。『キル・ユア・アイドルズ』は、そんなメッセージを発信していた。

リーヴ・シュライバー監督の『僕の大事なコレクション（Everything Is Illuminated）』（05年）は、イライジャ・ウッドが演じるユダヤ系アメリカ人が、ウクライナを訪ねて、祖父の故郷の村を探す過程を描いた映画だが、ユージン・ハッツは、現地の通訳として一緒にその村を探す役で出演した。ユダヤ人とジプシーはともに、ナチスに虐殺され、ウクライナでも差別されてきた。そしてディアスポラとして流浪してきた歴史を持っている。ゴーゴル・ボーデロは、イスラエルのミクスチャー・バンド、バルカン・ビート・ボックス（Balkan Beat Box）のドラム、タミル・マスカット（Tamir Muskat）との混成プロジェクト、J.U.F. (Jewish-Ukrainian Freundschaft) で『Gogol Bordello vs. Tamir Muskat』（04年）を出したりもしていて、ユダヤ人とジプシーの接点を模索している。『The Pied Piper of Hützovina』（07年）は、ユージン・ハッツがジプシーとしてのルーツを探った旅を捉えたドキュメンタリーだ。ウクライナ西部のウージュホロド（Uzhhorod）に近い村、ムカチェヴォ（Mukachevo）のジプシー・キャンプを訪ねて、ジプシーの楽師たちとセッションするシーンは感動的だった。

ゴーゴル・ボーデロ来日
Gogol Bordello Japan tour

ゴーゴル・ボーデロの初来日公演は08年のフジロックフェスティバル。でもぼくが初めてゴーゴル・ボーデロの写真を撮れたのは、2度めの来日公演でやって来た09年のサマーソニック、最終日の8月9日、東京会場（千葉県の幕張）でのことだ。まずは本番前のバックステージでグループ・ショットを撮影。左から順に、オレン・カプラン（Oren Kaplan　ギター。イスラエル人）、エリザベス・サン（Elizabeth Sun　ダンス、パーカッション。香港人）、ペドロ・エラゾ（Pedro Erazo　パーカッション、MC。エクアドル人）、オリヴァー・チャールズ（Oliver Charles　ドラム。アメリカ人）、ユージン・ハッツ（ヴォーカル、アコースティック・ギター。ウクライナ人で母方の祖母がジプシー）、パメラ・ジンタナ・ラシーン（Pamela Racine　ダンス、パーカッション。タイ系アメ

Oren Kaplan, Elizabeth Sun, Pedro Erazo, Oliver Charles, Eugene Hütz, Pamela Racine, Sergey Ryabtsev, Yuri Lemeshev, Thomas Gobena
Gogol Bordello   9 August 2009 Chiba, Japan

リカ人）、セルゲイ・リャブツェフ（ヴァイオリン。ロシア人）、ユーリ・レメシェフ（アコーディオン。ロシア人）、トーマス・ゴベナ（ベース。エチオピア人）。よくもまあ、これほど多彩なメンバーが揃ったものである。トーマス・ゴベナは「Addis Ababa Metro System」と書いてある地下鉄の路線図のTシャツを着ていた。アジスアベバはエチオピアの首都で「Piazza」とか実在する地名が駅の名前になっているが、アジスアベバは貧しい街で地下鉄など存在するわけがない。つまりこのTシャツは冗談なのだ。ユージン・ハッツはこのとき、ちょっと前にニューヨークからブラジルのリオデジャネイロに移り住んでいた。放浪癖は収まらないようだが、公式には、ゴーゴル・ボーデロはあくまでもニューヨークのバンドということになっていた。サマーソニック東京の楽屋は幕張メッセの方にあった。グループ・ショットの撮影を終えたら急いで機材を撤収して、シャトルバスに乗り、マリン・ステージの方へと移動した。それから隣のビーチ・ステージまで歩いて行くと、ひとつ前に出ていたファンク・バンド、ウォーのライヴが終わるところだった。ほどなくセット・チェンジの時間になり、夕闇に包まれていった。そしてビーチ・ステージのトリを務めるゴーゴル・ボーデロのライヴが始まった。モニター・スピーカーに足を乗せてギターを掻き鳴らしながら歌うユージン・ハッツ。その脇にヴァイオリンのセルゲイとアコーディオンのユーリが絡んでくる。ベースのトミー（トーマス・ゴベナ）はウネリのある低音を出してしっかりとボトムを支えている。太鼓を叩きながらステージ上を動き回るダンサーが祝祭の場を盛り立てる。ふくよかなグルーヴがあり、それでいてパンキッシュなキレが鋭い。やはり最高にカッコ良かった。スゴイものを見たという胸の高鳴りがライヴ終了後もしばらく続いていた。すると隣のマリン・ステージの方から花火が上がった。マリン・ステージのトリだったビヨンセのライヴも終わったようだった。

ぼくは長年、音楽の現場を訪ねて写真を撮ることによって世界を理解しようとしてきた。言うまでもなく、音楽の現場は世界中に無数にある。常に考えているのは、時間も資金も限られているなかで、今どこに向かうべきかということである。そして照準は定まった。09年12月4日と5日の2日間、ウクライナのキーウで「バルカン・フェス（BalkanFest 2009）」が開催され、ゴーゴル・ボーデロが出演すると知ったとき、何とかして行くしかないと思った。ユージン・ハッツが生まれ育ったキーウで行なわれるライヴなのだ。そこでは見たことがない音楽の現場に遭遇できるに違いない。そんな予感がしてワクワクしてきた。まずは写真を撮れるようにフォトパスを手配しなくては

ない。ゴーゴル・ボーデロにはオフィシャルのホームページを通じて、バルカン・フェスの主催者にはFacebookを通じて連絡をとった。先方はこちらの素性が判らないわけだが、こういうときは、ライターと違ってフォトグラファーは手はずを整えやすい。ゴーゴル・ボーデロのマネージャーも、バルカン・フェスの主催者も、これまでに撮ってきた写真が見られるURLを示してほしいとメールで言ってきた。Web上に最低限の写真を置いてあるので、そのURLを書いて返信すると、両者からフォトパスを発給するとの返答が得られた。それから格安航空券を買い、ロンリー・プラネットのウクライナのガイドのPDFファイル版をダウンロードで買った。ウクライナを訪れる日本人はビザや外国人登録の必要がなく、旅行は簡単にできる。

2009年12月2日

Kyiv

12月1日に成田空港からアエロフロート機に搭乗した。同日夕方にモスクワの空港、シェレメーチエヴォ・ドヴァーに到着。空港のベンチで寝て、12月2日の昼過ぎの便でキーウへと飛んだ。いい歳なのでトランジット・ホテルに行こうかと思ったが、1泊110ユーロと聞いて断念した。以前はシェレメーチエヴォ・ドヴァーで寝ているのは黒人が多かったが、このとき寝ている人の多くは白人だった。アエロフロートが、ナイジェリア、ベニン、ガーナなどへの便をきみな廃止した影響だろう。サハラ以南へのアエロフロートはアンゴラ便のみになっていた。キーウのボルィースピリ国際空港からは、バスで鉄道のキーウ旅客（Kyiv-Pasazhyrskyi）駅まで行き、隣接しているヴォグザーリナ（Vokzalna）駅から地下鉄に乗り、街の中心部に近いチアトラーリナ（Teatralna）駅で降りた。すでにとっぷりと日が暮れていて、わずかに霧雨が降っていたが、思っていたほど寒くはない。インターネットで予約しておいた1泊250グリヴナ（約3000円）のホテルにチェックイン。最低ランクのホテルだがWi-Fiは部屋まで来ている。さっそく夜の街を歩いてみた。ウクライナは、ソ連時代はロシア語が浸透していたが、91年に独立してからはウクライナ語が唯一の公用語になった。看板の表記などは、ウクライナ語ばかりで、英語表記はほぼ皆無である。広い道路の横断は、だいたい地下道をくぐる方式になっていた。地下鉄の駅に繋がっている地下道には、小さな店が並んでいるところがあり、なぜか花屋と化粧品屋が多かった。チアトラーリナ駅に通じる地下道の中にある大衆食堂のようなところで、マッシュポテトに肉団子が乗っているものを食べた。それから地上に出て少し歩いた

Pedro Erazo, Eugene Hütz

Sergey Ryabtsev

Euromaidan, Kyiv

ところで、街の兄ちゃん、OL、サラリーマンっぽい人まで行列しているパン屋があったので並んで、みんなと同じものを買ってみた。それは中にソーセージが入っている揚げパンだった。

2009年12月3日
Kyiv

12月3日は朝7時に起きたが、外はまだ真っ暗だった。メールをチェックすると、バルカン・フェスのオーガナイザー、オルガ（Olga Yermak）から「ようこそキエフ（Kiev）へ」というメールが入っていた。外国人には「キーウ」より「キエフ」のほうが判りやすいと思ったのだろう。この時代はiPhoneはまだ少数派でブラックベリーが主流だったが、ぼくは携帯端末を持っていなくて、ホテルの部屋で05年製のアップルのラップトップ、PowerBook G4の12インチを使い、メールとFacebookのメッセージで連絡を取り合っていた。午前中、街の中心にあるユーロマイダン（独立広場）まで歩いて行った。04年11月のオレンジ革命のとき、市民で埋め尽くされた広場である。それから地下鉄で2駅ほどのところにあるチェルノブイリ博物館に行った。ヒロシマから送られた千羽鶴なども飾られていた。キーウの北110キロに位置するチェルノブイリ原子力発電所の4号炉がメルトダウンを起こして爆発したのは86年のことだ。いったんホテルに戻ると、バルカン・フェスのオーガナイザー、オルガからメールの添付で書類が届いていた。12月4日のゴーゴル・ボデロは4〜6曲までのみ前で撮影可、12月5日に出演するエミール・クストリッツァ＆ザ・ノー・スモーキング・オーケストラは頭3曲のみ前で撮影可となっている。受付の時間と場所、記者会見は何時からどこでとか、アフター・パーティを行なう場所なども細かく書いてあった。

2009年12月4日
Kyiv

12月4日。バルカン・フェスが開催される会場、パラツ・スポルトゥ（Palats Sportu）まで歩いていった。キャパは6000人、体育館のような作りである。無事フォトパスを受け取ることができて、開場前の建物の中に入った。入場者全員の分のコートを収納する巨大なクロークを横目に見て、エレベーターで4階に上がる。そこにはプレスルームがあり、開演に先駆けて、ユージン・ハッツの記者会見が行なわれることになっていた。午後5時半に、ユージン・ハッツの記者会見が始まった。テレビカメラが7〜8台入り、テーブルにはマイクやICレコーダーがたくさん並び、ニコンやキャノンの一眼レフのデジカメを持ったフォトグラファーが15人ぐらい、記者は40人ぐらい集まっていた。質疑応答はすべてウクライナ語で行なわれたので詳細は判らないが、ユージン・ハッツが、どのような音楽に影響を受けてジプシー・パンクにたどり着いたのかということを説明しているところでは、知っているミュージシャンの名前を何人か聞き取れた。ゴーゴル・ボデロのホームページには、ユージン・ハッツが推薦するアルバムを紹介しているコーナーがある。そこには幅広いジャンルから選んだ音楽が挙げられている。ぼくはパンク

とレゲエが一気に浮上して来た70年代後半以後に、グッとくる音楽活動を行なったミュージシャンの写真を撮ることをライフワークにしていて、撮影してきたミュージシャンのポートレイトから120枚の写真を選んで、ちょっと長いキャプションを書き加えた『オルタナティヴ・ミュージック』（09年）という本を出版しているのだが、驚いたことに、ユージン・ハッツが推薦するアルバムのミュージシャンと、ぼくが『オルタナティヴ・ミュージック』で取り上げたミュージシャンは、10人（組）も共通していた。イギー・ポップ（ストゥージズ）、タラフ・ドゥ・ハイドゥークス、エイジアン・ダブ・ファウンデーション、マヌ・チャオ、ニック・ケイヴ、ジョン・ライドン（セックス・ピストルズ）、ラシッド・タハ、ソニック・ユース、ビースティー・ボーイズ、シンク・オブ・ワンである。これらのミュージシャンは、ジャンルの振れ幅は広いが互いに無関係ではない。アンダーグラウンドに張られている地下茎のようなもので複雑に繋がりあっている。彼らの音楽が共振する先に、どのような風景が見えてくるのかということを、ぼくは長年、考え続けているのだが、ユージン・ハッツもまた、これらの音楽を同時に受けとめることによって、世界と対峙しているのだろうと思った。記者会見を終えた後、ユージン・ハッツに声をかけて、持参してきた『オルタナティヴ・ミュージック』を手渡すことができた。すると写真のページをパラパラ見て「（写っているミュージシャンのセレクションが）素晴らしい」と言ってくれた。そして「サンキュー」と喜んで受け取ってくれた。オーガナイザーのオルガに会って挨拶することもできた。オルガは若い紫髪の女性だった。このときすでに、開演時間の午後7時を過ぎていた。急いでステージのほうに行くと、オープニング・アクトを務めるファンファーレ・チョカリーアのライヴが始まっていた。ルーマニア北東部、モルダヴィア地方のゼチェ・プラジーニ村からやって来たジプシー・ブラスの楽団だ。続いて、セルビアのバンド、KAL。アコーディオンとヴァイオリンが入っていて、ジプシー音楽らしい哀愁があるが、スキンヘッドのヴォーカルとギターが突っ走り、ロックン・ロマという自称どおりのライヴを展開した。そして午後9時。いよいよこの日のトリ、ゴーゴル・ボーデロの登場だ。スタンドの上の方までは入っていないので観客は4500人ぐらいか。それでも大歓声が響く。ちなみに入場料は各日170グリヴナ（約2000円）である。ゴーゴル・ボーデロは、サマーソニックでのライヴを終えた後『Live from Axis Mundi』（09年）という、ニューヨークで収録されたDVDつきのライヴ・アルバムを出してきた。このDVDに収められているライヴ映像が決定的で、ぼくは何度も貪るように見ていたので、バルカン・フェスのライヴで再会するときにはもう旧知のバンドのような気分になっていた。写真が頭3曲ではなく4〜6曲めまでという指定だったのは、ユージン・ハッツがこのあたりで上半身裸になるからで、ぐわーっと盛り上がった。大きな会場の明るい照明の下で見るゴーゴル・ボーデロは、キレの鋭さがはっきり判る。ヴァイオリンのセルゲイ、アコーディオンのユーリ、ベースのトミーだけでなく、ギターのオレン、ドラムのオリヴァーもしっかりキャラが立っていることが判ったし、キャッチーな代表曲〈Start Wearing Purple〉でのMCのペドロの煽り方とかも凄かった。ニューヨークでのライヴが、エスニックな要素をふんだんに取り入れたパンクという受け取られ

Gogol Bordello live at BalkanFest 2009

方だとすれば、凱旋コンサートとなったバルカン・フェスでのライヴは、はるかニューヨークの地で成功している先鋭的な地元のバンドと見られているような感じが会場の雰囲気から伝わってきた。ライヴが終了したのは午後10時半。ところがその後が長かった。地下鉄でアルセナーリナ（Arsenalna）駅まで移動して、いかにも旧ソ連っぽいアヴァンギャルドな外観のホテル・サリュートのすぐ先にあるクラブ、クリスタル・ホールで行なわれたアフター・パーティに参加した。会場はなかなかスノッブな雰囲気。ダンスフロアの前方にステージがあり、DJの機材がセットされていた。深夜1時過ぎ、DJハッツ（ユージン・ハッツ）とDJアンドレイ・ユーリエヴィッチ（Andrei Yurievitch）のDJが始まった。アンドレイは、鼻ピアスをしていて腕にマトリョーシカの入れ墨を入れている。初めは軽くDJをやりながらバルカン・フェスの余韻を楽しんでいるのかと思っていたが、30分ぐらい経ったあたりで、ペドロ・エラソのMCが始まり、レゲエのラブ・ア・ダブ・スタイルのサウンド・システムのような状態になった。ユージン、アンドレイ、ペドロは、最近はブラジルに滞在していることが多いようで、バイリ・ファンキ（Baile Funk）まで織り交ぜてプレイしていた。続いてユージン・ハッツがウクライナ民謡のような曲を歌い出した。ステージの上には、ゴーゴル・ボーデロのダンサー、エリザベスや、バルカン・フェスの2日めに出演するマケドニアのジプシー・ブラスの楽団、コチャニ・オーケスターの若き女性ダンサー、バッドジプシー（Mathilde Serret BadGypsy）もいる。さらにいつのまにか、バルカン・フェスのスタッフ、ゴーゴル・ボーデロの取り巻き、居合わせたミュージシャンなども入り乱れて踊っていて、お祭り騒ぎになっていった。続いて、アコーディオン、クラリネット、チューバ、ブラジルの太鼓、スルドの奏者などが加わったセッションが始まった。ジプシーとウクライナ民謡とロックとブラジル音楽が混ざり合った、ここでしかありえない音楽を奏でていた。そして最後に、ユージン・ハッツがギターの弾き語りでジプシーの歌を歌った。それは狂乱の宴だった。クラブ、クリスタル・ホールの外に出たのは早朝5時。ウクライナに来て初めてタクシーに乗った。「40（グリヴナ）」と言うのでドアを閉めようとしたら「んじゃ30（グリヴナ）で」と言うので乗った。たぶん相場は20グリヴナぐらいなのだろう。でもくたくただったので30グリヴナで乗り、ホテルに戻って爆睡した。

2009年12月5日
Kyiv

12月5日、午後2時。ステファン・カロに会うため

に、地下鉄でポシュトーヴァ・プローシチャ（Poshtova Ploshcha）駅まで行き、ホテル・リヴィエラ（Hotel Riviera）を訪ねた。この日、コチャニ・オーケスターがバルカン・フェスに出演するのでマネージャーとしてキーウにやってきたのだ。ロビーの椅子に座って積もる話をした。このとき同席していたバルカン・フェスの若い女性スタッフ、ハンナ（Hanna Hrabarska）はその後フォトグラファーになり、東京のお台場で行なわれた「Ultra Japan 2018」の出演者、ウクライナのDJナスティアのスタッフとして来日したとき再会した。午後3時30分ごろ、コチャニ・オーケスターが空港からホテル・リヴィエラに到着。バルカン・フェスは、6時開場、7時開演で、この日のトップバッターなのだが、パスポートだかビザの問題でぎりぎりになったとのこと。ぼくもすかさず挨拶したのだが、このとき初めてリーダーだったイスマイル（Ismail Saliev）が、08年に糖尿病で亡くなっていたことを知った。コチャニ・オーケスターのメンバーはまず食事をして、4時30分ごろ、用意されたバスで会場のパラツ・スポルトゥに向かう。このバスにぼくも同乗した。会場に着くと、コチャニは即座にリハーサル。ぼくはエミール・クストリッツァの記者会見に写真を撮りに行く。記者がウクライナ語で質問→通訳が英語に翻訳→クストリッツァが英語で答える→通訳がウクライナ語に翻訳する。という流れだった。7時からライヴが始まった。まずはコチャニ・オーケスター。クラリネットのデラディン・デミロフ（Deladin Demirov）がリーダーのようになっていた。アンコールのとき、オーガナイザーのオルガが出てきてメンバーにバラを一輪ずつ渡していた。続いて唯一地元ウクライナから出演するハイダマキー（Haydamaky）。オルガが大プッシュしているバンドで、カルパティア・ルテニア（Carpathian Ruthenia　ウクライナ最西部）。ハンガリー、スロバキア、ポーランドの影響があり、ジプシーも多い文化圏）、ブコヴィナ（Bukovina　ルーマニアとウクライナにまたがる文化圏）の音楽を、パンク、スカ、レゲエのビートで絡め取った音楽をやっているとのことだが、まさにそんな感じだ。この日のトリは、エミール・クストリッツァ＆ザ・ノー・スモーキング・オーケストラ。08年の来日公演は見損なっていて、17年の来日公演は行ったけど、そのときはヴォーカルのドクトル・ネレ・カライリチは脱退していた。音楽はまさに一期一会だ。怒濤のような2日間のバルカン・フェスは終了した。地下鉄で帰り、チアトラーリナ駅の軽食屋で何か食べてから帰ろうと思ったら終了間際で、サラダとマンゴ・ジュースだけ買ってホテルに戻り、お湯を沸かして日本から非常用に持ってきていたチキンラーメンを作ってがっと食べた。この日撮影

Mathilde Serrel BadGypsy

Andrei Yurievitch

したデータをふたつの外付けハード・ディスクにコピーして、別の場所にしまった。それから記録のバックアップもかねて12月5日の出来事を12本連投でツイートした。最後のツイートは、日付が変わった12月6日の深夜1時21分44秒（キーウの時間）だ。このあとすぐ眠りに落ちた。

2009年12月6日
Kyiv

　12月6日、朝6時過ぎに目覚めた。そのときまず、椅子にかけておいたズボンが不自然な位置の床に落ちていてヘンだなあと思った。部屋の電気を点けてみたら、カメラを入れていた鞄が無くなっていることに気がついた。ぐっすりと眠っている間に泥棒に入られて、ごっそりとカメラ機材が盗まれていたのだ。ニコンのD2XとD200に交換レンズ一式が消えていた。ズボンに入れておいた財布も無かった。そしてドアの鍵が壊されていた。ドアを開けてみたら、部屋の前にゲロが吐かれていた。こんなことがありえるのだろうか、賊が侵入しているときに目が覚めたらどうなっていたのだろうかと思いつつ、もう一度チェックした。ズボンに入れておいた財布には少額の現金しか入れていなかった。パスポート、帰りの航空券、大半のお金とクレジットカード、机に出しっぱなしだったPowerBookも無事だった。各所に連絡したら、まず以前東京で音楽関係の仕事をしていたかたでこのときキーウに在住していた水谷慶子さんが夫妻で駆けつけてくれた。それから警察官が3人やってきて（当然英語は通じない）、ウクライナ・ジャパン・センターのアイヴァンが駆けつけてくれて通訳をやってくれた。警察官たちは、まずホテルの中を捜査した。ぼくの部屋は5階だが、3階のエレベーターの付近でうち捨てられていた鞄と財布を発見した。しかし当然、中身は無い。それから調書作り。警官がウクライナ語でA4の書類を4枚書いた。その内容をアイヴァンが英語で説明してくれて、10か所ぐらいにサインをさせられた。言うまでもなく、まったく無意味な作業である。アイヴァンは、ホテルの人が警官に「ドアの前にゲロがあったのだから、この人が酔っ払って帰ってきてゲロを吐いて、ドアを開けたまま寝て盗難されたのではないか」とウクライナ語で説明していると教えてくれた。最初に決断しなくてはならいことは、犯人を捜してカメラを取り返す努力をするかという点だ。冷静に考えれば、そんな努力をしても報われる可能性は極めて低いだろうし、万一犯人に近づいたら、逆ギレされて刺されたりしかねない。これはもう諦めるしかない。次に決断しなくてはならないのは、この旅行を続行するかどうかだ。12月6日

は、15時にキーウを発つ夜行列車に乗り、翌朝、ポーランドのワルシャワに着く予定で、寝台車の切符を購入済みだった。ゴーゴル・ボーデロは、バルカン・フェスの後、ワルシャワ、クラコフとツアーを行なうのでそれも追いかける予定だった。それからウクライナ西部、ムカチェヴォのジプシー・キャンプを訪ねて、キーウに戻ってくる予定だった。このままカメラが無い状態でワルシャワに行き、ワルシャワでカメラを買い、旅行を続けるという選択もありえる。この時代の安いデジカメでは良い写真を撮るのは難しいけど、フィルム・カメラなら安い中古のものであっても味のある写真を撮れる可能性はある。しかしぼくは、ここで旅を打ち切って帰ることにした。

2009年12月7日
Kyiv

　12月7日、違うホテルに移って朝を迎えた。旅は小説ではなくノンフィクションだが、エンディングが難しいのは同じだ。事件から一昼夜過ぎて、カメラを失った痛手から、このエンディングの意味を考えることに思考のポイントが移りつつあった。この旅行の目的は、89年1月にベルリンとプラハを訪ねたことに始まり、断続的に続けた東欧圏の旅の、最終章にくる物語を発見することだった。ベルリンの壁の写真に始まり、キーウの夜のゴーゴル・ボーデロの写真で終わるというフォト・ストーリーは悪くないのではないか。一昼夜考え続けてそう思った。実際はそれからさらに10年近く経って今に至っているのだが。アエロフロートの事務所に行き、帰国便を早める変更手続きを行なった。キーウの地下鉄は深くて、エスカレーターが速い。電車のドアが閉まるのも速い。3人組のおばちゃんのうち、ふたりが乗ったところでガチャンと閉まった。乗り損なったおばちゃんはドアを叩きながら何か言っていた。

2009年12月8日
Kyiv

　12月8日は、地下街を歩いたり、CD屋でウクライナのヒップホップのCDを買ったりした。それから地元民で賑わっている安食堂でご飯を食べたり、寒風の下で十字を切り続けている乞食のおばちゃんの皿にコインを置いたり、喫茶店でカフェ・アメリカーノのミルク入りを飲んだりして終わった。
　12月9日にキーウを発ち、10日の午後、東京に到着した。

x. Tokyo, Berlin

2012年9月28日

Tokyo

　タラフ・ドゥ・ハイドゥークス（Taraf de Haïdouks）は、00年の初来日から05年までに5回、来日公演を行なった。それからちょっと間が空いて、12年に6度めの来日公演を行なった。12年9月28日、ぼくは単独公演の会場、武蔵野公会堂の楽屋にリハーサルが始まるちょっと前に訪ねた。吉祥寺駅に近い一等地にありながら、旧共産圏のようなもっさりした雰囲気の建物である。メンバーはフライド・チキンを食べていたり、裏口の外で煙草を吸っていたり、近所に散歩に出て行ってしまったりとバラバラだったが、たたずんでいるだけで、その場をいかにもジプシーらしい雰囲気に染め上げてしまう。裏の駐車場で、ヴァイオリンのカリウ（Caliu Gheorghe）がどこかでもらってきた「期間限定！20% OFF」と書いてあるクーポン券を指さして何やら騒いでいたところに全員が集まってきたので、声をかけたら運良く来日メンバーが揃った集合写真を撮ることができた。彼らが住んでいるルーマニアのクレジャニ村を訪ねたのは00年12月のことで、そのときリーダー格だった長老ニコラエ・ネアクシュ（Nicolae Neacşu）は02年に亡くなり、歌が素晴らしかったカクリカ（Cacurica Baicu）は07年に亡くなり、イリエ（Ilie Iorga）もこの来日のちょっと前、12年6月に亡くなって、パシャラン（Pasalan Giuclea）が最長老となっていた。そのかわり、カリウの息子、ヴァイオリンのロベルト（Robert Gheorghe）、足が悪くてツアーに参加できなくなったヴィオレル（Viorel Vlad）の息子がふたり、コントラバスのユリアン（Lulian Vlad）とアコーディオンのコステル（Costel Vlad）、ヴァイオリンと歌のコスティカ（Constantin "Costica" Lautaru）の息子、ヴァイオリンのニコラエ（Nicolae Lautaru）が参加している。記念写真のように撮ることにより、かつて活躍していた長老たちの不在と、新たに加わった若手らの存在が顕わになっている。中心メンバーのひとりだったイオニッツァ（Ionitsa Manole）は脱退して、マネージャーのひとり、ミッシェル・ウィンター（Michel Winter）もタラフから離れてコンゴのミュージシャンなどを手がけるようになり、00年代末にはこのままでは存続が危ういのではないかと思える話が伝わってきたりもしたが、なんとか立て直して日本までやって来た。アコーディオンのマリウス（Marin "Marius" Manole）は、再会するなり感慨深げに「ローング・タイム」と言った。タラフ・ドゥ・ハイドゥークスが西欧で注目されるようになったのは、トニー・ガトリフ監督の映画『ラッチョ・ドローム』（93年）に出演したことがきっ

かけだった。とりわけ印象的だったのは、ニコラエ・ネアクシュが、ヴァイオリンの弦に括り付けた糸を爪で引っ張って鳴らす独特の演奏法を交えながら、チャウシェスク時代の終焉を曲にした〈独裁者のバラード（Balada Conducatorolui）〉を歌うシーンだ。糸引き奏法によって、ヴァイオリンから、ラフで、もの悲しい音が出てきていた。この日のライヴで、カリウが糸引き奏法を披露するところを初めて見た。それはニコラエの芸で、亡くなってから誰も真似していなかった。継承するなら、孤児で血の繋がりがなかったけど、ニコラエに育てられたカリウ以外にはありえなかったのだろう。ニコラエのような枯れた味わいとは違ってワイルドに響いていたが、アンコールは若手を前面に出す構成になっていた。クレジャニ村のジプシーの楽師たちの技能は、あるべき姿で継承されていると宣言しているようにこのときは見えた。終演後、アコーディオンと歌のマリン（Marin P. Manole）がロビーで演奏して、パシャランが帽子でお金を集めていた。マリンには15歳になる孫（00年にクレジャニ村に行ったとき3歳で小さなアコーディオンを弾いていたイオニッツァの子供）がいて、ピアノでショパンやバッハを弾いているそうだ。「私と違って楽譜を読めるんだよ」と目を細めていた。

2012年9月30日

Tokyo

　9月30日は、すみだトリフォニーホールで「WORLD BEAT 2012究極のジプシー・オーケストラ！」というイヴェントが行なわれて、タラフ・ドゥ・ハイドゥークス、マケドニア（現在は北マケドニア）のコチャニ村からやってきたジプシー・ブラス・バンド、コチャニ・オーケスター（Kočani Orkestar）、インドのラジャスタン州、ジャイサルメールからやってきたダンサー、クイーン・ハリシュ（Queen Harish）が共演した。別の日にそれぞれの単独公演があったので、この日はほとんど、タラフとコチャニの合作アルバム『バンド・オブ・ジプシーズ2』（11年）の曲を合同で演奏して、曲によってクイーン・ハリシュが加わるというスペクタクルな構成だった。タラフとコチャニの合作アルバムは『バンド・オブ・ジプシーズ』（01年）以来である。タラフとコチャニによって合作された音楽は、元々どこかの地域で奏でられていたジプシー音楽ではなく、ベルギー人プロデューサー、ステファン・カロ（Stephane Karo）によって演出されたものだ。そこにクイーン・ハリシュまで加わったことにより、ジプシーはインドのラジャスタンを出発して東欧へ移動していったというストーリーを思い起こさせるような架

Pasalan Giuclea, Constantin "Costica" Lautaru,
Nicolae Lautaru, Marin P. Manole, Costel Vlad,
Lulian Vlad, Robert Gheorghe, Ionică Tanase
Gheorghe Falcaru, Marin "Marius" Manole, Caliu Gheorghe
Taraf de Haïdouks   28 September 2012 Tokyo

Queen Harish   30 September 2012 Tokyo

Stephane Karo   5 December 2009 Kyiv

Michel Winter   21 May 2018 Tokyo

空のジプシー音楽のショーになっていた。クイーン・ハリシュは、ジャスミン・デラルの映画『ジプシー・キャラバン』（06年）で描かれていた01年に北米を巡業した「ジプシー・キャラバン・ツアー」に、インドのマハラジャのダンサーとして参加して以来、タラフ・ドゥ・ハイドゥークスやファンファーレ・チョカリーア（Fanfare Ciocărlia）などともしばしば共演するようになっていた。妖艶なドラァグ・クイーンで、インドの遊芸民カールベリヤ（Kalbelia）のダンスをはじめ、ラジャスタンの何種類かのフォークダンスに、ベリーダンス、東南アジアのダンスなどの要素も加えた独自の表現を追求していた。本物のジプシーによる架空のジプシー音楽。でもそれは、新しい本物のジプシー音楽なのである。この日は平成24年台風第17号が上陸していて、終演後は暴風雨になっていた。

2016年 - 2018年
Tokyo

その後、16年9月に笛のゲオルゲ（Gheorghe Fălcaru）が亡くなり、16年11月にステファン・カロが亡くなり、18年9月にパシャランが亡くなった。ステファンを失ったのはタラフ・ドゥ・ハイドゥークスが活動していくうえで大きな痛手となった。言葉によるコミュニケーションがちゃんとできて、音楽プロデューサーとツアー・マネージャーの仕事もできる人間はほかにいない。ステファン・カロの死は、個人的にも衝撃的だった。同世代の人で、こちら側の世界と向こう側の世界を繋ぐ役割を果たしていたからだ。ステファンのFacebookは今もあり、09年にぼくがウクライナで撮影した煙草を吸っているポートレイトがアイコンとして使われている。誕生日などにはいくつもの新たな書き込みがある。ミッシェル・ウィンターとは、18年5月に、コンゴの電気リケンベ（親指ピアノ）のバンド、コノノNo.1を引き連れて来日したとき再会できた。

ぼくは、ステファン・カロとミッシェル・ウィンターがタラフ・ドゥ・ハイドゥークスを世に出そうと動いた革命直後のルーマニアを知っている。そしてタラフ・ドゥ・ハイドゥークスにとっておそらく最良の日だった00年12月16日のクレジャニ村での演奏シーンを撮影した唯一のフォトグラファーでもある。ベルリンの壁が崩壊してジプシーの歌が聴こえてきたというフォト・ストーリーを組んで残したいという思いが強まった。そもそもこの長い旅には、85年に『ミュージック・マガジン』誌が、アインシュテュルツェンデ・ノイバウテンやニナ・ハーゲンの来日時に写真撮影をするチャンスを与えてくれたという序章があり、89年1月に、ベルリンの壁が崩壊するなどと誰も思ってい

なかった時代に東西ベルリンとプラハを訪ねたことによって実際の旅が始まった。 それからはひと繋がりだった。

2019年1月-6月
Tokyo

しかし着地点が定まらないまま年月が過ぎ、19年1月からFacebookで毎日1枚の写真と短いストーリーを書くようにした。 今までの断続的な旅行と取材は、 その都度媒体に発表していたのでリアルタイムで書いた文章の蓄積があったことに加えて、 近年になって判った事実がたくさんあった。 Facebookはそれらを整理してフォト・ストーリーを組むための習作として始めたものだが、 見てくれた友人たちの反響が、 内容をブラッシュアップさせるヒントにもなった。 しかし具体的な出版の目処は立っていなかった。 写真、 旅行、 音楽、 政治という4つのクラスタにまたがったフォト・ストーリーであり、 内容を絞り込もうとすれば大事なものが抜け落ちてしまう。 誰かに伝わるような企画書を書ける気がしなかったし、 ある程度の段階まで仕上げて、 4つのクラスタにまたがる必然性が伝わるような状態にしてから何人か顔が浮かぶ編集者に見てもらおうと考えていた。 しかし、 おそらく出版の最後のチャンスであろうベルリンの壁の崩壊から30周年となる19年11月が近づいていた。 そんなおり、 19年3月12日にフリーランスの編集者でもある佐藤暁子さんからFacebookでメッセージが来た。 「最近石田さんが投稿されている1989年シリーズはどちらかで本にされるご予定はあるのでしょうか? お写真はもちろんですが、 石田さんの臨場感溢れる文章が素敵でまとめて読めたらいいのにな、 と思った次第です」 と書いてあった。 4つのクラスタにまたがっていることの難しさを 「臨場感」 で乗り越えられるのではないか。 そんな気になる嬉しいメッセージだった。 しかしこの時点では、 まだ着地点をみつける目処が立っていなかった。 そして19年6月2日、 クイーン・ハリシュがインドのラジャスタン地方、 ジョードプルで交通事故に巻き込まれて突然亡くなってしまった。 ぼくにも何度かFacebookで連絡をくれていたダンサーであり衝撃を受けた。 その直後、 6月13日に佐藤さんからFacebookでメッセージが来た。 「オークラ出版さんで企画通りました!!!」 と書いてあった。 ちょっと辛気くさい人文系の体裁の本じゃないと出版できないのではないかと危惧していたが、 デザインにこだわる 「写真集」 として企画が通っていて嬉しかった。 打ち合わせで会った佐藤さんは 「最後に追加取材に行く予定はないのですか?」 と聞いてきた。 ぼくはそのとき、 もう一度ベルリンに行くべきかもしれないと口をついて出た。 そうだ、 もう一度ベルリ

ンに行けば着地点にたどり着く。 そんな気がしてきた。

2019年9月13日
Berlin

9月13日の朝、 シンガポール航空の傘下にあるLCC、 スクート航空でベルリン、 テーゲル空港に到着。 妻とのふたり旅である。 バス、 Uバーン (地下鉄)、 Sバーン (高架鉄道)、 シュトラッセバーン (路面電車) に7ユーロで1日乗り放題の切符を買い、 TXLのバスで市内に向かった。 そのバスから 「FCK AFD」 と書いてあるビルが見えた。 AFDは 「ドイツのための選択肢 (Alternative für Deutschland)」 という移民排斥などを政策に掲げる極右政党だ。 ネットで予約していたアレクサンダー広場 (Alexanderplatz) に近いメルキュール・ホテル (Mercure Hotel) に行き、 チェックイン時間までスーツケースを預けて身軽になり、 さっそく街に出た。 Uバーンを乗り継いでまず向かったのは、 勝利の女神ヴィクトリアが立っている戦勝記念塔 (Siegessäule) である。 ここはヴィム・ヴェンダースの映画 『ベルリン・天使の詩』 (87年) (と93年の 『時の翼にのって』) で象徴的に出てくる場所であり、 ベルリンの観光ポイントでもある。 誰もが写真に撮る場所だが、 この映画によって戦時中のベルリンと80年代のベルリンの連続性に気づくことになったので、 そのことへのオマージュという意味を込めて、 この本の扉用の写真をここで撮影すると決めていた。 2時間ほど粘り、 光線の具合や雲の流れを見つつ同じような構図の写真を100枚以上撮った。 それからバスを乗り継いでアンハルター駅 (Anhalter Bahnhof) のところで降りて、 ベルリン・ストーリー・バンカー (Berlin Story Bunker) に行った。 89年1月に来たとき、 うち捨てられた巨大な倉庫のようだったアンハルター・バンカー (Anhalter Bunker) という戦時中の防空施設を改築した博物館である。 入口の上の壁に 「Wer Bunker baut, wirft Bomben (防空壕を作る人は、 爆弾を投下する)」 と書いてあり、 ヒトラーに関する膨大な資料を展示してある。 戦時中の防空施設の中に入った感触を想像することができた。

2019年9月14日
Berlin

9月14日。 ベルリンの壁博物館 (Museum Haus am Checkpoint Charlie) に入ってみた。 それからチェックポイント・チャーリーの脇を通り、 近くに壁が保存されているニーダーキルヒナー通り (Niederkirchnerstraße) と

ヴィルヘルム通り（Wilhelmstraße）の交差点のほうに歩いて行った。そこは89年1月7日に撮影してⅠの見開きで使った壁の写真の場所だ。当時はほとんど人通りがなかったが、大勢の観光客が歩いていた。

改装中だった巨大な廃墟、タヘレス（Tacheles）から近い場所にあったヘルムート・ノイマン（Helmut Neumann）のフラットを訪ねた。ヘルムートは、旧東ドイツのライプツィヒ出身。87年に初めてルーマニアを旅行して以来通うようになり、95年にクレジャニ村でタラフ・ドゥ・ハイドゥークスのニコラエ・ネアクシュの孫娘、アウレリア（Aurelia Sandu）と出会って結婚した。息子のルイス（Luis Randu）はこの日が23歳の誕生日。赤ちゃんのとき、クレジャニ村で洗礼を受けた様子が、ラルフ・マルシャレック（Ralf Marschalleck）監督による映画『炎のジプシーブラス地図にない村から（Brass on Fire）』（02年）に出てくる。このとき初孫の誕生を喜んでいたアウレリアの母に今のアウレリアはそっくりだった。娘のフランシスカ（Franziska Oana）は00年1月生まれで、00年8月にファンファーレ・チォカリーアが初来日したとき、マネジャーのヘルムート、ダンサーのアウレリアと一緒に来日した。そのときの赤ちゃんだった様子が、同じく『炎のジプシーブラス地図にない村から』に出てくる。ルイスとフランシスカは、ベルリンで日常生活を送っていてドイツ人と見分けがつかないが、年に一度はファミリーでクレジャニ村に里帰りしていてジプシーの親戚に囲まれることもあり、アイデンティティの半分がジプシーであることを強く意識している。アウレリアは、チャウシェスク時代、クレジャニ村のラウターリ（楽師）が公の場に出るときはルーマニアの民族音楽扱いで、ルーマニアの民族衣装を着せられていたことがすごくいやだったという。88年にフランスのオコラ（Ocora）というレーベルから出たCD『Roumanie: Musique des Tsiganes de Valachie - Les Lăutari de Clejani』に、お腹の所に帯のようなものを巻いた民族衣装を着たニコラエ・ネアクシュらの写真が出ているが、それがジプシーの尊厳を踏みにじるスタイルだったということを初めて知った。その後、ベルリンの壁の崩壊からルーマニア革命を経て、背広を着て中折れ帽を被るというようなジプシーらしい格好で演奏できるようになり、アウレリア本人もダンサーとしてツアーに参加するようになって、ジプシーであることを誇りに思うようになった。なお、アウレリアは、ルーマニア語、ロマニ語（ジプシーの言葉）に加えて、ドイツ語がぺらぺらだが、英語はあまり得意ではないので、ジプシー（英語）のことをツィゴイネル（ドイツ語）と言っていた。アウレリアが喋った内容は、ヘルムートやルイスがかみくだ

いた英語で説明してくれた。アウレリアにとって、ルイスとフランシスカはジプシーだけど、ヘルムートは何年経ってもガッジョ（よそ者）なのだという。自分のルーツを大切にしているので、国籍はルーマニアのままにしていて、パスポートもルーマニアのものを今でも使っている。それでもEU域内の移動はまったく問題なく、アメリカのビザもヘルムートとの結婚歴が10年以上あり簡単に取得できるので、実用上の不便はほとんどないそうだ。アウレリアの兄弟は3人いて、みんな今でもクレジャニ村で生活しているけど、妹はベルリンに来ていて、シリア人（13年前にベルリンに来た。難民ではない）のパートナーと暮らしている。ベルリンはコスモポリタンな都市なので、さまざまなルーツの友人がいて、幸い差別にあうようなこともなく生活できているそう。アウレリアは今、ベルリンでコスメティシャンとして活動している。ベルリンに何人ぐらいジプシーがいるのか、まったく判らないという。ルーマニアやブルガリアから流れて来たジプシーが路上で物乞いをやっているというようなニュースなら検索すれば出てくるが、アウレリアのように、ジプシーとしてのアイデンティティを保持しつつベルリンに移民して、新たな生活を築いている人の姿は見えづらい。クレジャニ村は、昔は村人の多くがラウターリ（楽師）で、村じゅうに音楽があふれていた。ぼくは00年以後、一度もクレジャニ村に行く機会がなかったが、冠婚葬祭に呼ばれて演奏してお金をもらうという文化は廃れてきて、今はもう昔のように音楽があふれている状況はないそうだ。ニコラエ・ネアクシュが使っていたヴァイオリンを売りに出すと聞いたヘルムートが引き取ったそうで、その現物がこの部屋にあった。

2019年9月16日
Berlin

日付が前後するが、9月16日の話から。クロイツベルク、Uバーンのゲルリッツァー駅（Görlitzer Bahnhof）から近いエリアを歩いていたら、「Refugees Welcome」と書いてある旗を掲げて、ジョー・ストラマー、フリーダ・カーロなどのポスターや、「FCK AFD」のステッカーを貼ってある「Disorder Rebel Store」という店があったので、Antifa関連のTシャツを買って、店のお姉さんの写真を撮った。それから29年ぶりに「Groove Records」を訪ねてマス・チャオやブリクサ・バーゲルトのレコードを買い、店主と記念写真を撮り、バスで「イスタンブール・スーパーマーケット」などもあるトルコ人が多い場所、コットブッサー・トーア（Kottbusser Tor）に移動してご飯を食べた。それからUバーン、U8に乗って、アレ

Luis Randu, Aurelia Sandu, Helmut Neumann, Franziska Oana

Jasmin, Constanța "Tanzika" Ernst, Henry Ernst, Adrian

Fanfare Ciocărlia Live in Fuji Rock Festival   26 July 2014 Niigata

Fanfare Ciocărlia Live in Jazz World Beat   6 July 2019 Tokyo

Denkmal für die
ermordeten Juden Europas

Berlin Story Bunker

Disorder Rebel Store

クサンダー広場駅から2駅先、ローゼンターラー・プラッツ（Rosenthaler Platz）駅から近いヘンリー・エルンスト（Henry Ernst）のフラットを訪ねた。

世界の辺境で素晴らしい音楽が奏でられている。しかし外部の人は誰も知らない。それを最初に"発見"する。1996年にヘンリーがルーマニア北東部、ゼチェ・プラジーニという村で、彼がファンファーレ・チオカリーアという名前で世界に売り出すことになるジプシーのブラス・バンドに出会ったのは、まさにそんな感じだ。その成り行きは映画『炎のジプシーブラス 地図にない村から』（02年）で描かれている。ファンファーレ・チオカリーアは、継続して世界の第一線で活動を続けている。4回めの来日公演、14年のフジロックフェスティバルではオレンジコートで喝采を浴びた。6回めの来日公演、19年7月に、めぐろパーシモンホールで行なわれた「ジャズ・ワールドビート2019」でも見事に盛り上げた。このときたまたまロビーで会ったヘンリーと立ち話をした。そのとき、ヘンリーとヘルムートを家族ごとベルリンで取材できれば、この本の最終章で意味のある物語になるのではないかと思ったのだった。

ゼチェ・プラジーニのブラス・バンドは、結婚式や葬式で演奏することを生業としていたが、それは近隣の村だけで行なっていたので、ブカレストや、タラフ・ドゥ・ハイドゥークスを輩出したクレジャニ村のジプシーにすらその存在は知られていなかった。タラフ・ドゥ・ハイドゥークスの前身、タラフ・ディン・クレジャニ（Taraful din Clejani）は、88年のオコラ盤で西側に紹介されたが、現地ではジプシーの楽師がクレジャニ村にいることは古くから知られていた。しかしゼチェ・プラジーニの楽師たちは知られておらず、普段は農作業をしながらの活動だったため、手が荒れても演奏できるブラス・バンドになり、ヴァイオリンなどは演奏できなかったという。ヘンリーは、旧東ドイツ、ライプツィヒに近いヴルツェン（Wurzen）で生まれ育った。87年に初めてルーマニアに行って以来、100回以上通っている。92年ごろ、ライプツィヒの街のいつも同じ場所で演奏しているルーマニアから流れてきたアコーディオン奏者に出会い、彼にお金を払ってルーマニア語を習った。現地に入り込むためにはルーマニア語の習得は必須だった。87年に初めてルーマニアに行ったというのはヘルムートと同じだが、ふたりが知り合ったのは95年ごろだという。そして97年にジプシーの女性タンツィカ（Tanzika）に出会い、結婚した。タンツィカの両親はクレジャニ村の出身。タラフ・ドゥ・ハイドゥークスのニコラエ・ネアクシュの孫娘でヘルムートの妻となったアウレリアとは従姉妹であり、タラフ・ドゥ・ハイドゥークス

187

のアコーディオン奏者、マリウスは叔父にあたる。とはいえタンツィカは、より良い生活を求めてブカレストに出てきた両親のもとで生まれ育ったので、笑い方とか仕草までディープにジプシーっぽいアウレリアとは違って都会的な雰囲気である。子供はふたり。兄のエイドリアン（Adrian）は20歳、赤ちゃんのときにジプシー伝統の洗礼式を受けた。そのときの映像も『炎のジプシーブラス地図にない村から』に出てくる。妹のヤスミン（Jasmin）は16歳。19年7月にファンファーレ・チォカリーアが来日したとき一緒に来て、ステージに上がって踊ったりもした。タンツィカもアウレリアと同じくドイツに帰化するつもりはなく、ルーマニアのパスポートを使っている。一家はルーマニアからベルリンに戻ったばかりで、つい2日前にブカレストで行なわれたタンツィカの弟のジプシー式の結婚式に出席してきた。そのときの動画をスマホで見せてくれたのだが、半分ジプシーとはいえベルリンで日常生活を送っているためドイツ人という意識が強いと言っていたエイドリアンが、ジプシーらしく盛り上がっていてほほえましい感じだった。ヘンリーは、人生をファンファーレ・チォカリーアとともに過ごしていて、幸いファンファーレ・チォカリーアは今も世界中で頻繁にライヴを行ない順調に活動を続けている。ボバン・マルコヴィッチら、セルビアのジプシー・ブラスがジプシー・ブラスの王道だと認識している人が多いと思うが、実際に世界各地から声がかかるのは辺境から出てきて孤軍奮闘しているファンファーレ・チォカリーアのほうだ。その理由をヘンリーは「セルビアは権威主義的だけど、ファンファーレ・チォカリーアにはユーモアがあるから」と言っていた。ボバン・マルコヴィッチは、エミール・クストリッツァの映画『アンダーグラウンド』（95年）の冒頭で〈Kalashnikov〉という曲を演奏して大きな話題となった。しかしこの曲は元々はルーマニアの古い曲で、ファンファーレ・チォカリーアも同じ曲〈Ciocarlia Si Suite〉（99年の『Radio Pascani』に収録）を演奏している。しかしそれが後出しじゃんけんみたいになってしまった。何しろファンファーレ・チォカリーアがヘンリーに発見されたのが96年なのだ。この曲〈Ciocarlia〉は、ルーマニアのジプシーのナイ（パン・フルート）奏者、アンゲルシュ・ディニク（Angheluș Dinicu 1838-1905）が、1889年、エッフェル塔の完成が目玉だったパリで行なわれた万国博覧会の会場で初めて演奏した。彼の孫、ヴァイオリニストのグリゴラシュ・ディニク（Grigoraş Dinicu 1889-1949）による『Romanian Violin / Romanian Folk Music in 78 RPM / Recordings 1924-1946』（09年）でCD化されたヴァージョンなどで広く知られるようになり、その後、多くのラウターリ（ジプシーの楽師）に演奏されるようになった。

ファンファーレ・チォカリーアのメンバーはツアーに妻を連れてくることはない。妻は家にいて家族を守るという古い価値観を今でも踏襲しているからだが、ヘンリーによれば、結婚式などの現場には酒を飲んだ荒くれ男も多いので連れてこないからだという。いずれにしろ、ジプシーの女性が外の世界に出て行くことは難しい。アウレリアとタンツィカは、そんな状況を打破した女性でもあり、ベルリンという都市に定住した本物のジプシーである。ルーマニアでも結婚式にジプシーの楽師たちを招いて演奏してもらうという文化は廃れつつあり、タラフ・ドゥ・ハイドゥークスのメンバーも子供たちへ演奏技術を継承することが上手くいっているとは言いがたい。ニコラエ・ネアクシュからヴァイオリンの奏法を教え込まれたカリウは、息子ロベルトに技術を継承させようとしている。しかしマリウスは、子供が11人もいるのに誰にも継承させることができなかった。言葉の習得と楽器の演奏技術の習得は、本当に難しい。ベルリンの壁の崩壊によってジプシーの音楽がわれわれ外部の人間にも届くようになった。しかしその一方で、昔ながらの音楽文化は廃れつつあるようだ。それでもジプシーとしての誇りとアイデンティティが受け継がれていることは間違いない。変化していく状況の中で新しい文化を生んでいくはずだ。

2019年9月15日
Berlin

9月15日。ニーダーキルヒナー通りに沿って、ヴィルヘルム通りの交差点からテロのトポグラフィー（Topographie des Terrors）の前にかけて、ベルリンの壁が保存されている。ちょうどこの場所を、ぼくは本来の壁として機能していた89年1月7日にパノラマカメラで撮影していた。それをカヴァーを外した表紙に使っている。その写真を撮影したとき、手前のレンガの壁が何なのか知らなかったのだが、それがゲシュタポの地下牢の壁だったということを今ごろ初めて知った。今は綺麗に整備されて、解説文が掲げられて、多くの観光客が神妙な面持ちで見学している。レンガの壁は、直接触ることもできる。ぼくはそこに、日本から持参した90年1月10日に壁を壊していた人から直接、5マルク（400円）で買った破片を置いて撮影した。それを表紙のカヴァーに使うことにした。それから歩いてブランデンブルク門まで行った。90年1月9日に撮影してこの本の78から79ページに掲載した写真の広大な場所には、ホロコースト記念碑（Denkmal für die ermordeten Juden Europas）とアメリカ大使館が建てられていた。ブランデンブルク門の前には、「Peace」とか

「和平」と描いてあるレインボー・フラッグを持った人がいた。それからメルキュール・ホテルに戻って待っていたら、アンドレ（André Kemnitz）が、約束の時間、午後3時きっかりにロビーに現われた。90年1月10日の夜、夜行列車でアムステルダムに向かうぼくらをツォー駅（Bahnhof Berlin Zoologischer Garten）まで見送りに来てくれたとき以来の再会である。ぼくらの部屋に来てもらって、積もる話を3時間ぶっ通しで話した。

初めてアンドレに会ったのは、1989年1月2日、東ベルリンからプラハへと向かう夜行列車だった。ぼくらは切符を持たずに乗っていて、東ドイツ南部の街、ドレスデンを列車が出発して、まもなくチェコスロバキアとの国境というあたりで車掌が検札に来たのだが、そのときアンドレは車掌に「この人たちはドレスデンから乗ってきたんですよ」と言ってくれて、ものすごく安い値段で切符を買えたのだった。それからプラハに着き、アンドレといっしょにフラドというトラック運転手の家に行き、ぼくらはそこに寝泊まりすることになった。そこは映画『存在の耐えられない軽さ』に出てくるプラハの雰囲気そのままの部屋だった。アンドレは当時、東ベルリンのプレンツラウアー・ベルク（Prenzlauer Berg）のフラットに住んでいた。89年1月と90年1月に訪ねたが、広くて清潔で文化的な生活をしていて驚いたのだった。あのときアンドレが住んでいた部屋の家賃が月30M（東ドイツのマルク）だったと初めて知り驚いた。89年1月当時、公定レートでは1DM（西ドイツのマルク）が1Mだったけど、闇両替では1DMが5Mというのが相場だった。当時は1DMが72円だったので、闇両替の相場に基づけば、つまり実勢価格では、家賃が月432円だったのだ。当時ぼくが住んでいた家賃12万6000円の阿佐ヶ谷の部屋よりずっと広くて清潔で文化的だったのに。ところが、社会主義バンザイではなかった。エーリヒ・ホーネッカー国家評議会議長（71年にドイツ社会主義統一党中央委員会第一書記に就任して、89年10月18日にすべての役職を解任されるまで、18年間にわたって東ドイツの最高実力者だった）について、前日に会ったヘルムート同様、アンドレもぼろくそに言っていた。そしてベルリンの壁が崩壊して良かったと思うと言っていた。外部のわれわれから見れば、ベルリンの壁が崩壊して良かったと思うことは簡単だが、アンドレたちにとって、それは資本主義の荒海に投げ出されるということでもある。1925年6月生まれの彼の母は、ベルリンの壁が崩壊したとき64歳で、社会状況の変化にまったく追いつけなくて社会主義のほうが良かったと思っていたそう。当時パントマイムをやっていたアンドレは、借金でかき集めたお金で、月2回ぐらいライヴをやるレストランをプレンツラウ

アー・ベルクで開業した。初めのうちは毎日15時間ぐらい働いて、開業して2年たったあたりからなんとか採算が合うようになっていった。音楽や演劇が好きで、ときどきバックパッカーとなって旅行に出るようになり、旧ソ連から西ヨーロッパ全域、東南アジア、北アフリカ、中米などにも行った。そのレストランを売却して、08年に「AKVmusic Management & Booking」を設立、今はミュージシャンのブッキングを行なっている。ドイツ語で歌うミュージシャンがほとんどなので馴染みのある人は少ないかもしれないが、ポルカホリックス（Polkaholix）は、ロック、パンク、スカ、ポルカのミクスチャーなのでぼくにも合うかもと言われた。プレンツラウアー・ベルクは、今はベルリンのなかでもとりわけトレンディな地区になっていて居心地が悪くなったようで、2年前に旧東ドイツのバルト海沿岸の町、キュールングスボルン（Kühlungsborn）に引っ越したが、この日は前日に担当アーティストのひとり、アンドレ・ハーツバーク（André Herzberg）がドレスデンで行なったライヴに行った帰りなのでちょうど都合が良かった。

話の中で「ファックAFD」と言っていたので、こんな写真撮ったよと「FCK AFD」の写真を見せたら、アンドレも同じ言葉を自分の家の窓枠の下に書いてあるよと言っていた。排外主義に反対するなど反ファシズム（Antifa）の立場は明確だ。一方で、壁が崩壊してから30年近く経っても心の中には西側の社会との間に壁を感じ続けているという。その微妙な感覚に関しては、ぼくには想像できない。ベルリンの壁が崩壊したのは89年11月9日で、その日の夕方にドイツ社会主義統一党（SED）政治局員でスポークスマンだったギュンター・シャボフスキー（Günter Schabowski）が、テレビで生中継されていた記者会見で、決議されたばかりの外国への旅行の自由化に関する政令を、勘違いから「ベルリンの壁を含めて、すべての国境通過点から出国が認められる」と発表してしまったことがきっかけだった。しかし最も重要なことは、89年8月の汎ヨーロッパ・ピクニック、89年10月のライブツィヒの月曜デモと、民主化を求める民衆の思いが拡大していったことであり、ベルリンの壁が崩壊する5日前、89年11月4日に、当時の東ベルリン、アレクサンダー広場で大規模なデモが開催され、東ドイツ国営通信（Allgemeiner Deutscher Nachrichtendienst）によれば50万人、AP通信など西側報道機関によると約100万人もの民衆が集まったとされるところだ。そのとき当然、アンドレもその場にいた。夕方になり、われわれはアレクサンダー広場のウーラニアー世界時計（Urania Weltzeituhr）のところに行き、記念写真を撮った。これでひとまず旅に区切りをつけられた気がした。

André Kemnitz standing at Alexanderplatz

Masataka Ishida
石田昌隆

1958年千葉県市川市生まれ、千葉大学工学部画像工学科卒。フォトグラファー、音楽評論家。ロック、レゲエ、ヒップホップ、R&B、アフリカ音楽、中南米音楽、アラブ音楽、ジプシー音楽など、ミュージシャンのポートレイトやライヴ、その音楽が生まれる背景を現地に赴き撮影してきた。著書は、『黒いグルーヴ』(青弓社)、『オルタナティヴ・ミュージック』(ミュージック・マガジン)や、『ソウル・フラワー・ユニオン 解き放つ唄の轍』(河出書房新社)、『Jamaica 1982』(オーバーヒート)。撮影したCDジャケットは、Relaxin' With Lovers、ジャネット・ケイ、ガーネット・シルク、タラフ・ドゥ・ハイドゥークス、ヌスラット・ファテ・アリ・ハーン、ジェーン・バーキン、フェイ・ウォン、矢沢永吉、ソウル・フラワー・ユニオン、カーネーション、ほか多数。旅した国は56ヵ国以上。

1989
If You Love Somebody Set Them Free
ベルリンの壁が崩壊してジプシーの歌が聴こえてきた

2019年11月25日　初版発行

著者	石田昌隆
編集	佐藤暁子
デザイン	神戸太郎
校正	市川ゆかり
発行人	長嶋うつぎ
編集人	長嶋瑞木
発行所	株式会社オークラ出版
	〒153-0051 東京都目黒区上目黒1-18-6 NMビル
電話	03-3792-2411（営業部）
	03-3793-4939（編集部）
	http://www.oakla.com
印刷	図書印刷株式会社

AKATSUKI PRESS　　ISBN: 978-4-7755-2909-6

©2019 Masataka Ishida　　©2019 Oakla Publishing Co., Ltd.　　Printed in Japan

落丁・乱丁本の場合は小社営業部までお送りください。送料は小社負担にてお取替えいたします。本誌掲載の記事、写真などの無断複写（コピー）を禁じます。インターネット、モバイル等の電子メディアにおける無断転載ならびに第三者によるスキャンやデジタル化もこれに準じます。